황당한 일본

日本

황당한 일본

초판 1쇄 발행 | 2005년 12월 30일
초판 2쇄 발행 | 2007년 7월 20일

지은이 | 최천기
펴낸이 | 양해경
펴낸곳 | 학민사

등록번호 | 제10-142호
등록일자 | 1978년 3월 22일

주소 | 서울시 마포구 대흥동 150-1번지(121-809)
전화 | 02-716-2759, 702-3317
팩시밀리 | 02-703-1495
홈페이지 | http://www.hakminsa.co.kr
이메일 | hakminsa@hakminsa.co.kr

ISBN 978-89-7193-172-1(03910), Printed in Korea

황당한 일본

日本

글 _ 최천기

학민사

2005년 을유년(乙酉年)은 새해 벽두부터 '닭의 해' 답게 시끄러웠다. 2005년은 한·일간에도 을사늑약(乙巳勒約) 체결 100주년, 일제로부터의 해방 60주년, 국교정상화 40주년의 해인데다 '욘사마'로 대표되는 최근의 한류 열풍으로 어느 때보다 한·일간의 우정이 깊어질 것으로 기대되는 터였다.

그러나 일본 시마네현(島根縣)의 '다케시마(독도)의 날' 조례 제정, 우경화 역사교과서 채택, 일본 지도층 인사들의 일제시대 만행의 합리화 망언 등 끊임없는 '한국민 열받게 하기' 캠페인으로 양국간의 긴장이 고조되었다.

어째서 광복 60년이 지난 오늘날까지 이러한 일이 계속 반복되어야만 하는가? 한마디로 일본인의 잠재의식 속에는 '신국일본(神國日本)'이라는 허황된 역사관이 각인되어 있기 때문이다. 물론 중화민족, 유태인, 미국의 WASP(앵글로색슨·기독교도·백인), 독일의 나치즘 등 민족마다 우월사상이나 선민의식을 갖고는 있다.

그러나 일본인의 역사관은 독특하다. 본디 역사란 만고불변의 진리가 아니다. 각 시대마다의 승자 또는 지배자의 세계관이나 가치관에 따라 역사적 사실에 대한 해석이나 평가가 달라진다. 멀리 볼 것도 없다. 우리나라의 경우 5 · 16, 10 · 26 사건, 5 · 18 광주 민주항쟁 등도 불과 십수 년 전과 지금의 평가는 많이 달라졌다.

그런데 일본의 경우에는 분명히 제 2차 세계대전을 일으킨 가해자의 입장인데도 인류 최초의 원폭경험 민족이라는 핑계로 마치 피해자처럼 행세하거나, 전쟁에 패했으면서도 패전(敗戰)이라는 단어를 쓰지 않고 종전(終戰)이라고 하는 얄팍한 짓을 하고 있다. 그러니 진심으로 과거의 잘못에 대한 반성은 물론 적절한 배상도 이루어질 수 없는 것이다.

일본의 경제 · 군사 전문가인 하세가와 게이타로(長谷川慶太郎)가 쓴 『사요나라 아시아』(1986)라는 책에 이런 내용이 있다.

> "아시아라고 하는 거대한 쓰레기 매립장 한 가운데 우뚝 솟아있는 초근대적인 고층빌딩이 일본이다. 고층빌딩 안에는 자유로운 생활이 있으나, 쓰레기 매립장에는 부와 자유도 없다."

그러나 아시아 여러 나라 중에서 한국과 대만만큼은 그래도 다른 아시아국에 비해 일본과의 격차가 작다고 추어주고 있으니 이를 영광스럽게 생각해야 할 지. 그런데 더욱 가관인 것은 그 이유가 바로 한국이나 대만 모두 일본의 오랜 식민지 경험을 했기 때문이라는 것이다.

이것이 메이지 시대의 탈아입구(脫亞入歐 : 아시아를 탈피하여 유럽으로 들어가자는 슬로건) 이래 일본 지도층의 기본적인 사고방식인 것이다. 비유를 하자면 일본은 63빌딩이고, 기타 아시아국은 난

지도 쓰레기 매립장이라고 할 수 있다. 그러나 일본은 쓰레기 매립장 위에 세계적인 규모의 월드컵 경기장과 공원이 들어설 수 있음을 어찌 모르는가?

우리는 흔히 친일파라고 하면 매국노와 같은 부정적인 이미지를 갖고 있다. 그러나 필자는 친일파에도 두 부류가 있다고 본다.

하나는 단순히 일본의 문화 등에 공감을 하거나, 일본에 연고자가 많이 있어 일본에 호감을 갖게 되는 등 순수한 의미에서의 친할 친(親)자 친일파다. 이러한 친일파는 아무 문제없는, 아니 오히려 적극적으로 권장할 만한 일이다.

문제는 또 하나의 친일파다. 친(親)이란 글자에는 친하다는 뜻외에 '오야'라고 발음을 하면 부모, 조상, 또는 계 모임의 계주, 화투, 트럼프 놀이의 선을 의미하기도 한다. 야꾸자 세계에서 조직의 두목을 '오야붕'이라고 부르는 것도 마찬가지 의미이다. 그러므로 이러한 '오야 친일파'란 일본을 자기 부모나 조상처럼 모시고 받든다는 반민족 분자를 말한다.

바로 이러한 '오야 친일파'들이 해방 이후 우리나라 지배층에서 권력을 휘둘러 왔기에 광복 60년이 되어도 일제 과거사 청산이라든가 독도 문제, 역사 교과서 왜곡 문제 등이 해결되지 못한 채 주기적으로 반복되어 온 것이다.

일본의 역사왜곡 전략은 알고보면 단순하다. 계속적인 반복이다. 일견 말도 안되는 황당무계한 주장이라도 각 분야의 전문가나 재야학자들이 번갈아가면서 극히 일부의 그럴듯한 이론이나 증거를 제시하며 주장하다 보면, 점점 더 그럴지도 모른다는 생각을 갖게 되는 사람도 나타나게 된다.

그 다음에 보잘것없는 새로운 이론이나 증거를 가지고 주장의 폭을 넓혀가다보면 어엿한 역사적 사실로 받아들여지기도 하며, 침략주의 또는 패권주의의 야욕을 숨기지 않고 있는 극우주의자 및 군국주의자들의 영토확장계획에 이용되기도 한다.

2005년은 가쓰라(桂)·태프트(Taft) 밀약(1905. 7. 29) 이 맺어진 지 100년 되는 해이다. 가쓰라·태프트 밀약이란 미국-스페인 전쟁의 승리로 필리핀을 획득한 미국이 조선을 차지하려는 일본과 서로 상대방의 행위에 간섭하지 않기로 한 음험한 약속을 말한다.

오늘날 자위대의 해외파견과, UN의 상임이사국이 되어 궁극적으로 패권주의를 지향하려는 일본을 두둔하는 미국의 태도가 100년 전의 모습과 조금도 다르지 않은 것이다.

이 책은 세 부분으로 나누어져 있다.

첫째, '날조(捏造)의 장'에서는 필요하다면 얼마든지 역사를 왜곡, 날조해내는 일본인의 역사관을 조명해 본다. 대한국인의 기상을 드높인 안중근 의사의 이토 히로부미 사살사건에 제3의 범인이 있다는 주장과, 일본 근대화의 초석을 마련했다는 메이지 유신(明治維新) 주역들의 적나라한 모습들을 볼 수 있다. 일본 전통극 가부키 중에서도 가장 유명한 <츄신구라(忠臣藏)>가 300년이나 왜곡되어온 이야기, 일본 최고의 검객으로 만화나 소설로도 유명한 미야모토 무사시의 가공 스토리가 어떻게 역사의 탈을 뒤집어쓰게 되었는가를 해부한다.

둘째, 일본의 고대문명이 세계 최고 문명으로서 세계 문명의 원조임을 주장한 '원조(元祖)의 장'이다. 세계에서 가장 우수한 민족이라는 유태인과 동격이라는 일 · 유 동조론과 세계 최대의 원(元) 제국을 건설한 징기스칸이 일본인이었다는 주장, 그리고 이집트의 피라미드와 우리나라 한글도 원조가 일본이었다는 기막힌 주장을 알아본다.

셋째, 일본인의 잠재의식 속에 있는 '신국 일본'이 세계 문화의 중심이라는 과대망상적 사고에 기초한 세계의 역사상 유명 인물들의 일본 도래 주장을 소개한 '도래(渡來)의 장'이다. 우리가 세계사 시간에 익히 배워온 예수, 석가, 모세, 양귀비. 서복 등의 일본 도래 주장을 살펴본다.

필자는 비록 정식으로 역사학을 공부하지는 않았지만, 이런저런 이유로 제법 길게 일본에 체류하면서 이러한 '황당한 일본 이야기'를 보고 접하게 되었다. 물론 '황당한 인간'은 우리나라에도 있고 세계 어디에도 있다. 그러나 그 '황당함'이 개인적 품성과 삶에만 개재되어 있다면 그리 문제가 될 것도 없다. 문제는 '일본인들의 그 황당함'이 어찌어찌 지나다 보면 정설이 되고 사실이 되고 역사가 되고 비수가 되어 우리 가슴을 헤집기 때문이다.

이 이야기들을 황당함 그 이상도 이하도 아니라고 볼 독자들도 많을 것이다. 또는 그냥 재미있는 읽을거리라고 치부할 수도 있다. 그러나 보라, '임나일본부설' 등 일본의 역사 왜곡은 그 근본이 황당함 아닌가? 꺼진 불도 다시 보라는 심정으로 이 글들을 읽는다면 감사하겠다.

2005년 10월 크라이스트처치에서

최천기

제2장 원조(元祖)의 장

제3장 도래(渡來)의 장

12. 서복은 이민사기꾼의 원조

1 날조(捏造)의 장

흔히 일본인은 창조성이 없는 모방의 천재라고 한다. 그러나 역사에서 만큼은 창조성이 뛰어나다. 일본에게 불리한 역사적 사실은 교묘하게 왜곡시키고, 체제 유지나 국민 선동을 위해서는 지나친 미화, 과장도 마다하지 않는다. 일단 새롭게 만들어진 날조의 역사는 오랜 시간을 두고 가필·수정되면서 진실한 역사를 대신한다.

안중근 의사는 이토 히로부미를
죽이지 못했다

안중근 의사의 생애

안중근 의사는 조선왕조 말엽인 1879년 9월 2일, 고려 말의 이름난 유학자 안유(安裕)의 20대 손으로 황해도 해주읍에서 태어났다. 진해현감을 지낸 안중근 의사의 조부는 해주에서 알아주는 부자였으며, 부친도 과거에 합격하여 진사가 된 양반 가문이었다. 안중근 의사는 태어나면서부터 가슴과 배에 검은 점 일곱 개가 있어, 그 출생이 북두칠성의 기운에 응한 것이라 하여 이름을 응칠(應七)이라 하였다.

안중근 의사는 어려서부터 서당에서 한학을 배웠으나, 학문에 힘쓰기보다는 사냥을 좋아하고, 특히 말타기와 활쏘기에 뛰어나 그 일대에서는 당할 사람이 없었다고 한다.

1894년 안중근 의사 16세 되던 해에 갑오(甲午) 농민전쟁이 일어났다. 전라도 고부(高阜)군수 조병갑의 계속되는 폭정에 견디다 못한 동학교도와 고부군민 천 여명이 관아를 습격한 것이다.

이 일로 조선정부가 청(清)에 원군을 청하게 되자, 기회를 엿보고 있던 일본군도 진입하여 우리나라를 무대로 청일전쟁이 벌어지게 된 것이다. 안중근 의사가 살고 있는 곳에서도 동학군을 빙자하여 민가에 쳐들어와 행패를 부리는 무리가 있어, 안중근 의사는 아버지를 도와 사병을 조직해 이들을 물리친다.

이즈음 안중근 의사는 김홍섭의 딸 김아려(金亞麗)와 결혼하고, 이후 아들 둘, 딸 하나를 낳았다. 이듬해 그는 프랑스인 홍석구(洪錫九) 신부(프랑스 이름은 빌레헴)로부터 영세를 받고 도마라는 세례명을 얻었다. 또한 홍 신부로부터 프랑스어와 과학을 배워 새로운 사상에 눈을 뜨게 되었으며, 역사에도 관심을 가지게 되었다.

안중근 의사는 1905년 을사늑약이 체결된 소식을 듣고, 일본의 불법 침략만행을 전세계에 알리고자 중국 상해로 건너갔다가 돌아온 후 부친상을 당하였다. 이듬해 집을 진남포로 옮기고, 사재를 털어 돈의학교(敦義學校)와 삼흥학교(三興學校)를 세워 인재양성에도 힘쓰고, 국채보상운동(國債報償運動)에 참여하는 등 애국계몽운동을 벌였다.

1907년 안중근 의사는 러시아의 블라디보스토크로 가서 독립군을 모집하고, 이듬해부터 치열한 항일 무장투쟁을 시작했다. 그는 두만강 유역의 경흥(慶興), 회령(會寧) 등지의 일본군을 습격하는 등 국경지대에서 활약하다가, 5천여 명의 일본군 대부대를 만나 13일 동안 30여 차례 전투를 벌였으나 패배하여 가까스로 탈출했다.

이후 유격전에 관심을 가지게 된 안중근 의사는 1909년 3월, 열 두 명의 동지와 단지회(斷指會: 손가락을 잘라 혈서를 써서 생긴 이름)를 결성하고 3년 안에 이토 히로부미와 매국노 이완용을 죽이지 못하면 자살로 국민에게 속죄하기로 맹세하였다.

이토 히로부미 사살 사건

하얼빈(哈爾濱)은 현재의 중국 동북지방 흑룡강성(黑龍江省)의 성도(省都)이며, 일찍이 러시아 식민지 정책에 의해 개발된 중국 내에서도 독특한 분위기의 국제도시다. 러시아가 북만주 일대의 철도의 분기점으로서 이곳을 선택, 1898년부터 도시건설을 시작하여

▲ 이토 히로부미 동상

▲ 이토 히로부미 저택

1905년의 러일전쟁(露日戰爭) 패전시까지 도시의 모양을 갖추었다. 러시아 남하정책의 거점인 만큼 모스크바를 모방하여 만들어진 건물이 많았다. 지리적으로는 북위 45도에 위치하여 10월 하순이라고는 해도 상당히 추운 시기였다.

이토 히로부미는 만주시찰과 러일전쟁 후의 러·일관계 조정이라는 공작을 위하여 러시아 재무부장관 코코프체프와 1909년 10월 26일 하얼빈에서 회담하기로 되어 있었다. 러시아측 동청(東淸)철도회사에서는 이토 히로부미를 위하여 특별 귀빈열차를 마련해 주었다. 6량 편성 열차로 최후미 칸이 귀빈차량으로 되어 있었다.

귀빈차량에는 이토 히로부미를 비롯해 비서 후루야 히사츠나(古谷久綱), 만철총재(滿鐵總裁) 나카무라 고레키미(中村是公), 하얼빈 총영사 가와카미 도시히코(川上俊彦), 귀족원 의원 무로다 요시아야(室田義文)가 동승하고 있었으며, 러시아 측에서는 민정부장 아시나시코프 소장, 경영부장 긴체, 제8구군 부장 페드로프 대령 등이 접대하였다.

10월 25일 밤에는 장춘(長春)의 야마토 호텔에서 이토 히로부미를 위한 성대한 환영회가 열렸으며, 이토 일행은 밤 11시 경에 하얼빈을 향하여 출발하였다.

10월 26일 오전 9시, 이토 히로부미가 탄 열차가 하얼빈 역에 도착하자, 러시아의 코코프체프 장관이 열차 안에까지 직접 와서 맞이하였다. 가와카미 도시히코 총영사의 프랑스어 통역으로 20분 정도 대화를 나눈 후 코코프체프가 의장대 사열을 부탁하자, 이토는 수행원들과 함께 플랫폼에 내려섰다.

　플랫폼에는 귀빈의 경비를 위한 러시아군 헌병들과 의장대와 러시아 및 청국의 관리들이 줄 서 있었다. 이토는 각국 영사단 대표 두세 명과 악수를 나눈 후 발길을 돌렸다. 바로 그때 이토를 환영하는 듯이 폭죽 터지는 소리가 나는가 싶더니, 연이은 총소리가 하얼빈 역두를 진동시켰다.

안중근 의사의 거사 당일 행적

　1909년 가을, 안중근 의사는 이토 히로부미가 10월 중에 만주를 방문한다는 사실을 알고는 그를 암살하여 일본의 침략정책을 전세계에 알릴 좋은 기회라고 생각했다. 안중근 의사는 10월 21일 우덕순(禹德淳)과 함께 하얼빈으로 떠났다. 두 사람 모두 러시아어를 할 줄 몰라, 도중 포그라니치나야에서 유동하(劉東夏)를 통역으로 동행시켰다. 하얼빈에 도착한 후에는 김성백(金成白)의 집에 머무르며 다시 조도선(曺道先)과 합류했다.

　안중근 일행은 밤새 여러 신문을 입수하여 이토 히로부미에 대한 정보를 조사했다. 이튿날 아침 유동하만 하얼빈에 남고 안중근과 우덕순, 조도선은 채가구(蔡家溝)역까지 내려가 열차의 왕복 횟수 등을 조사했다. 하얼빈에 남아있던 유동하로부터 전보를 받은 안중근 의사는 우덕순과 조도선을 채가구역에 대기시켜 거사 가능한 사람이 실행하기로 정하고, 홀로 하얼빈으로 돌아왔다.

10월 26일 거사 결행일 아침, 안중근 의사는 일찍 일어나 평소 습관대로 아침기도를 했다. 평상복에 외투를 걸치고 납작한 모자를 눌러쓰고, 품 안에 권총을 집어넣고 집을 나섰다. 권총은 브로닝 7연발식으로, 작년 봄 러시아에 있을 때 윤치종(尹致宗)이라는 한국인으로부터 입수했는데, 한번 사격연습을 했을 뿐으로 특별히 연습한 일은 없었다.

곧장 하얼빈 역으로 간 안중근 의사는 이토 히로부미가 탄 열차가 도착할 때까지 역 구내의 찻집에서 천천히 차를 마시며 기다렸다. 마침내 9시 경 열차가 도착하자, 때를 맞추어 군악대의 연주가 시작되었다. 안중근 의사는 저격 타이밍으로 이토가 열차에서 내릴 때가 좋을지, 아니면 열차에서 내려 마차에 탈 때가 좋을지 생각하며 찻집을 나섰다.

이후 이토 히로부미 사살 결행의 순간은 「안중근 의사 공판 속기록」에서의 의사 자신의 진술로 들어보자.

…이등공(이토 히로부미를 말함)은 기차를 내려서 많은 사람에게 둘러싸여 각국의 영사단이 있는 쪽으로 가고 있으나 어느 것이 이등공인지 알 수가 없었습니다. 자세히 보니 군복을 착용하고 있는 것은 러시아 사람이고 사복을 착용하고 있는 것이 이등공이라고 생각했기 때문에 병정들의 앞을 통과하는데 따라서 나도 병정들의 뒤로 따라 갔습니다. 영사단은 러시아 군대의 다음에 열 지어 서 있었지만, 이등공이 군대의 전면을 통과하여 다음의 외국 영사단의 전면에 이르러 두 세 사람과 악수하고 되돌아 가는 것을

보았기 때문에 군대 속에서 쏘았습니다. 역시 어느 것이 이등공인지 알 수 없었기 때문에 돌아갈 때 제일 앞에 가는 사람을 겨누어서 군대 안에서 표적을 정하고 쏘았습니다마는, 그것이 과연 이등공인지 아닌지 모르기 때문에 그 뒤를 따라 오고 있는 두 세 사람에게 2~3발 더 쏘았습니다. 그와 동시에 러시아 헌병이 와서 붙잡았습니다…

세 발의 총을 맞은 이토는 열차 안으로 옮겨져 식당 테이블 위에 눕혀졌다. 수행의사 고야마와 러시아인 의사가 달려와 상처 부위를 살펴보았으나, 세 발 모두 치명상이어서 손 쓸 새도 없이 15분 후에 이토는 숨을 거두고 말았다. 일설에는 이토가 숨을 거두기 직전 자기를 쏜 범인이 한국인이라는 사실을 알고 '바보같은 놈'이라고 했다는데 사실의 진위는 알 수 없고, 만약 그것이 사실이라면 그 말의 속뜻이 무엇인지 궁금하기도 하다.

의문점

안중근 의사가 거사에 사용한 총은 브로닝 7연발 총이다. 거사 후 안중근 의사가 러시아 헌병장교에게 붙잡혔을 때 총에는 한 발의 탄환이 남아있었으므로 모두 6발을 발사한 셈이다. 이토가 세 발을 맞았고, 세 명의 수행원이 중경상을 입었다.

통역을 맡은 하얼빈 총영사 가와카미가 가슴에 한 발을 맞아 중상, 궁내대신(宮內大臣) 비서관 모리 야스지로(森泰二郎)가 팔과 어깨 관통상, 만주철도 이사 다나카 세이지로(田中淸次郞)가 오른쪽 발뒤꿈치에 각각 경상을 입었다.

그밖에 이토의 옆을 따르던 귀족원 의원 무로다 요시아야는 바지와 오바코트 옷자락에 총알이 지나간 구멍이 있고, 본인의 후일담에 의하면 다리에도 찰과상이 있었다고 한다. 또한 나카무라 만철 총재도 바지에 총알구멍이 났다고 한다.

이것이 사실이라면 문제가 심각해 진다. 피해자들이 맞은 총알이 최소한 8~9발 이상 되기 때문이다. 여기에서 '이토 히로부미 사살 사건'은 음모설로 발전하게 된다. 이 음모설에서도 배후에 따라 '러시아 음모설'과 '일본 음모설'로 나누어진다.

러시아 음모설

첫째, 하얼빈역의 경비를 담당한 러시아측의 조치가 너무 허술했다는 점이다.

일본측에서도 일본인 이외에는 플랫폼에 들어오지 못하도록 요청이 있었고, 설사 한국인과 일본인이 용모가 비슷하여 식별할 수 없었다 하더라도, 일본인 거류민은 플랫폼 끝에 모여 있었기 때문에 의장병 대열의 뒤에서 어슬렁거리고 있는 남자를 어째서 검문해 보지 않았는지 알 수 없다.

더구나 하얼빈에서 남쪽으로 84km 떨어진 채가구 역에서 대기하고 있던 우덕순과 조도선은 식당주인 세묘노프의 제보로 당역 주재 중대장 올다코프 대위가 사건 전날 밤부터 예의주시하고 있었고, 하얼빈에서 이토 히로부미가 암살되자 즉시 체포된 것만 보아도 러시아 측에서는 사전에 충분히 대응할 수 있었다.

둘째, 이토의 의장병 사열이 사전에 예정된 것이 아니라는 점이다.

원래 의장대 사열은 '공식 의전(儀典)의 꽃'으로 나름대로의 예복을 갖추어야 하며, 당연히 외교상식으로도 사전에 의장대 사열을 알려주어야 한다. 그러나 이토는 그러한 사실을 몰랐었다. 예정에 없었던 것이다. 그러므로 이토는 예복도 준비하지 않았고, 평소의 복장 그대로 열병을 하게 된 것이다. 러시아 재무장관 코코프체프가 의장대 사열을 즉석에서 제의하자 처음에 이토는 예복이 준비되지 않았다는 이유로 사양하였으나, 코코프체프가 거듭 권하자 더 이상 사양할 수 없어 사열을 받기로 한 것이다.

셋째, 안중근 의사를 체포한 4명의 러시아 군인들이 모두 장교라는 점이다.

의장대는 하사관과 병으로 구성되어 있다. 안중근 의사가 6발의 총알을 발사하는데 적어도 10초 정도는 걸렸을 텐데, 그 동안 아무도 제지를 안하다가, 거의 사격이 끝날 즈음 장교 4명이 달려들어 안중근 의사를 덮친 것이다. 그들의 면면은 다음과 같다.

* 동청철도 경찰서장 직무대리, 기병 일등대위 니콜라이 미트로파노비치 니키포로프
* 하얼빈 경찰서장 직무대리, 기병 일등대위 니콜라이 파블로비치 체르노그라조프

* 흑룡호경군(黑龍護境軍) 보병 중위 미하일 콘스탄티노비치 와데츠키
* 동 군단(同軍團) 사령관부 특무장교 기병 이등대위 치토코프

넷째, 러시아의 재판권의 포기.

'이토 히로부미 사살사건' 관련 당사국은 한국, 일본, 러시아 및 청국 등 4개국이 얽혀 있다. 먼저 가해자 안중근 의사는 한국인, 피해자 이토 히로부미는 일본인, 사건발생지역인 하얼빈은 청국 영토, 사건발생장소인 하얼빈 역 동청철도주식회사 부속지는 러시아 관할이다.

그러므로 이 사건에 관해서는 러시아가 재판권을 행사해도 무방하다. 왜냐하면 사건발생 장소뿐 아니라, 가해 당사자를 체포한 장소도 러시아 동청철도 부속지였기 때문이다.

그러나 러시아는 그때까지 동청철도 내의 사건에 관해 한번도 재판권을 양보한 적이 없음에도 불구하고, 안중근 의사는 물론이고 우덕순, 조도선, 유동하 외에도 12명의 한국인을 검거해 친절하게 일본 측에 인도한 것이다.

그밖에도 프랑스 기병총이 러시아군의 주요 장비라든가, 하얼빈 역에서 플랫폼을 내려다 볼 수 있는 2층을 경계하지 않았다는 점도 이상하다. 환영을 위한 폭죽도 상식 밖이다. 폭죽은 청국의 풍습이지 러시아의 풍습이 아니다. 당시 청국은 이토 히로부미에 대해 반감을 갖고 있었기 때문에 폭죽을 준비할 리가 없고, 아마도 저격시의 총소리를 얼버무리기 위해 사용한 잔재주일지 모른다.

그렇다면 이렇게 많은 의문점이 있는 가운데 러시아측이 이토 히로부미를 죽여야 할 동기, 다시 말하면 이토를 죽임으로써 얻는 이익은 무엇일까?

일본은 당시 5년 전에 있었던 러일전쟁에서 외형상으로는 승리했다고는 하나, 그것은 일본의 국력의 한계를 알고 있는 이토 히로부미, 고무라 쥬타로(小村壽太郎), 야마가타 아리토모(山縣有朋), 오야마 이와오(大山巖) 등의 진언으로 일본군이 조기에 철군했기 때문이었다.

러시아로서는 아직 싸울 여력이 있었다. 내심 다시 한번 일본과 겨루어 보기를 기대하고, 지난번에는 방심하다 당했지만 이번에는 만전을 기해 싸워서 만주와 한국에서 주도권을 잡으려고 벼르고 있었을지도 모른다. 그리하여 비교적 온건파인 이토 히로부미가 제거된 후, 강경파가 득세한 일본이 다시 싸움을 걸어오기를 은근히 바라고 있었을 지도 모른다.

그러나 일본의 가츠라(桂) 2차 내각은 1911년에 물러나고, 이듬해인 1912년 12월 제3차 가츠라 내각이 성립했으나, 불과 2개월만인 1913년 2월에 총사직했다. 그리고 이듬해인 1914년 '사라예보의 총성'으로 제1차 세계대전이 일어나 러시아가 극동에 눈을 돌릴 겨를이 없어졌던 것이다.

일본 음모설

첫째, 일본정부의 사건 현장 필름 구입 거부.

이토 히로부미의 사살 순간을 우연히(?) 러시아인 사진사가 활동사진으로 촬영하였다. 세기의 특종이라고 할 수 있을 것이다. 중요한 필름이라고 생각한 가와카미 총영사는 러시아 사진사와 교섭을 하여 1만 루블에 구입하기로 하고 본국정부에 훈령을 요청했으나, 무슨 이유에선지 일본 정부는 필름을 살 필요가 없다는 훈령을 보내왔다.

이 때문에 사건을 해명할 수 있는 장면을 포착했을 필름은 영구히 사라져버렸다. 어째서 일본정부는 사건의 진상을 파악할 수 있는 그렇게 중요한 필름을 포기했을까?

둘째, 민선 변호인의 거부.

안중근 의사의 변호인 선임에 있어서 한국인 2명, 러시아인 2명, 영국인 1명, 스페인인 1명 등 6명이 출원하였으나, 관동도독부(關東都督府) 지방법원은 이들 변호사의 일본어 구사력이 불완전하다는 이유로 전원 허가하지 않았을 뿐 아니라, 일본 국내거주 변호사조차 허가하지 않고 관선변호인을 선임한 것이다.

셋째, 외무대신 고무라 쥬타로(小村壽太郎)의 재판공작.

외무대신 고무라는 이토 히로부미 사살 사건 후, 외무성 정무국장(政務局長) 구라치 데츠키치(倉知鐵吉)를 만주에 파견하여 재판공작을 시켰다. 관동도독부 고등법원장과 밀담을 한 구라치는 고무라 외무대신에게 다음과 같이 보고했다.

· 안중근에 대해서 고등법원장 자신은 사형을 시켜야 한다고 생각하고

있지만, 정부의 희망도 있으므로 우선 검찰관에게 사형구형을 시키고 지방법원에서 그 목적을 달성하도록 노력한다. 혹시 만에 하나라도 지방법원에서 무기징역 판결이 나왔을 때에는 검찰관에게 항소시켜 고등법원에서 사형언도를 할 것임.

· 우덕순의 건은 정부의 의지도 명료하므로 법원에서는 금후 우덕순에 대한 취조 시에는 본인이 범죄를 단념했다고 주장하도록 노력한다.

결국 다른 사람들은 형량을 가볍게 하더라도 안중근 의사만큼은 꼭 사형을 시켜야 한다는 일본측의 결의를 알 수 있다.

1910년 2월 14일 관동도독부 지방법원에서의 4명에 대한 판결내용은 다음과 같다.

성 명	나이	죄 명	판 결 내 용
안중근	32	살인죄	사형. 3월 26일 여순 감옥에서 집행
우덕순	34	살인방조죄	징역 3년
조도선	38	살인방조죄	징역 1년 6개월
유동하	19	살인방조죄	징역 1년 6개월

이와 같이 '러시아 음모설'과 '일본 음모설'을 비교하여 보면 '러시아 음모설'이 더욱 설득력이 있어 보인다. 하지만 어떤 사건이 일어났을 때 누가 범인인지를 알려면 누가 가장 이득을 얻는 자인가를 파악하는 것이 중요하다는 추리소설의 기본원칙을 대입시켜 본다

면, 역시 가장 이득을 본 쪽은 일본이므로 '일본 음모론'도 버리기가 쉽지 않다.

이토 히로부미 사살 사건 이듬해인 1910년 8월, 일본은 한국을 합병하여 초대 총독 데라우치 마사타케(寺內正毅)의 세계에서 유례가 없는 무단통치가 실시된다. 이미 일본 각의에서는 1909년 7월 한일합병을 결정해 놓았었고, 이에 대해 이토 히로부미는 점진주의적 입장이었지만, 그가 사라짐으로써 강경파 가츠라 타로, 고무라 쥬타로 및 야마가타 아리토모의 의도대로 한일합병을 조속히 마무리지을 수 있었기에 '일본 음모론'도 무게를 가지게 된다.

무로다 요시아야의 주장

귀족원 의원인 무로다 요시아야는 안중근 외에 또 다른 제3의 저격범이 있을 것이라고 주장했다. 무로다의 주장근거는 다음과 같다.

첫째, 이토 히로부미가 맞은 세 발의 총알은 모두 프랑스제 기병총의 탄환으로, 안중근이 소지한 브로닝 7연발 총의 탄환이 아니라는 것이다.

둘째, 세 발 총알의 입사각도가 모두 우측 어깨로부터 비스듬히 밑으로 향해, 총의 발사장소가 2층이 아니면 불가능하다는 것이다. 즉 제1 탄환은 이토의 어깨로 들어와 흉부유하(胸部乳下)에 머물었고, 제2 탄환은 우완관절(右腕關節)을 뚫고 나가 배꼽 밑에 박혔다. 그리고 제3 탄환은 배꼽의 우측을 꿰뚫고 복부의 피부를 찢으며 밖으로 벗어났다고 한다.

안중근의 키는 5척(약 152 센티미터) 정도로 이토 히로부미보다 작기 때문에 절대로 위에서부터 밑으로의 탄도가 생길 수 없다고 한다. 그렇다면 안중근 의사말고 누가 어디에서 이토 히로부미를 저격했을까?

무로다의 증언으로는 하얼빈 역의 2층 식당에서 저격했음이 틀림없다고 한다. 그 식당은 격자(格子)로 되어 있어 비스듬히 밑에 보이는 이토를 저격하기에 안성맞춤의 장소라는 것이다.

셋째, 안중근 의사가 쏜 탄환 수와 실제로 발사된 탄환 수가 일치하지 않는다는 점이다. 앞에서도 언급한 바와 같이 안중근 의사가 발사한 탄환 수는 여섯 발인데, 발사된 탄환 수는 모두 아홉 발이나 된다.

그러면 2층 식당으로부터 이토 히로부미를 저격한 인물은 누구란 말인가? 적어도 사건 발생 후 채가구역에서 체포된 우덕순과 조도선은 아닐 것이다. 왜냐하면 우덕순은 스미스 & 웨슨식 권총, 조도선은 안중근과 마찬가지로 브로닝식 7연발 권총을 소지하고 있었기 때문이다.

이토 히로부미의 의복 검증

이토 히로부미가 저격시 입고 있던 셔츠 및 바지는 현재 야마구치 현립박물관(縣立博物館)에 보관되어 있는데, 그 옷을 자세히 조사해 보고 다음의 사실을 확인할 수 있었다고 한다.

1. 셔츠의 전면 오른쪽 소매의 바깥쪽에서 진동(상의 어깨 선에서 겨드랑이까지의 폭) 중앙의 아래쪽 약 14cm 에 구멍(가)이 있다. 이 구멍과 대응하듯이 같은 소매의 안쪽에서 겨드랑이 아래쪽 5.5cm에도 구멍(나)이 있다. 또한 오른쪽 앞길에서 겨드랑이 밑 약 3.5cm, 오른쪽 겨드랑이 솔기 전방 약 2.3cm 에도 구멍(다)이 있다. 이 (가)(나)(다)의 구멍은 암살자가 쏜 제 1탄환이 통과한 길로 추측된다. 즉 제 1탄은 이토 히로부미의 오른쪽 위 팔을 뚫고 나와 우측 제 7늑간(肋間)을 향하여 수평으로 입사한 것이다.

▲ 야마구치 현립박물관

2. 오른쪽 소매의 바깥쪽에서 (가)의 아래쪽 약 11.5cm 에 구멍(2가)이 있고, 같은 소매의 안쪽에서 소맷부리 위쪽 약 14.5cm 되는 곳에도 구멍(2나)이, 앞길에서 (다)의 아래쪽 약 18.5cm에 구멍(2다)이 있다. 이 (2가)(2나)(2다)의 세 구멍은 제 2탄이 지나간 자리일 것이다.

3. 문제는 제 3탄이다. 이토 히로부미가 죽은 직후의 발표에서는 "상복부(上腹部)의 중앙에서 우측으로부터 체내에 들어와 좌직복근(左直腹筋)안에 박혔다"고 하였으나 문제의 셔츠의 오른쪽 앞길이나 왼쪽 앞길에도 그럴만한 구멍을 발견할 수 없었다. 그러나 셔츠의 후면, 중앙선의 우측 약 5cm, 목깃의 아래쪽 약 26cm 부분(바로 심장의 높이)에 탄환이 지나간 자국으로 생각되는 구멍이 있다. 이것이 바로 제 3탄의 통로여야만 한다. 그리고 제 3탄은 배 안에 박혔다고 했으니, 이 통로는 탄환의 출구가 아니라 입구여야만 한다. 그렇다면 제 3탄은 사건 직후의 발표처럼 '상복부 중앙의 우측으로부터' 체내에 들어온 것이 아니라 등쪽으로부터 들어온 것이 된다.

그러므로 이토 히로부미의 몸안에 박힌 세 발의 탄환 중 제 1, 2탄과 제 3탄의 입사부위가 너무 차이가 나게 되어, 무로다의 주장처럼 별도의 범인의 존재를 입증하는 증거로 생각되기 쉬우나, 그 반대로 안중근 의사가 쏜 총알이 이토 히로부미를 정확하게 맞추었다는 증거로 될 수도 있다.

즉 제 1탄이나 제 2탄을 맞은 이토가 제 3탄을 맞을 때까지 계속 같은 자세로 기다리고 있었을 리가 없으며, 제 1, 2탄 피격의 충격에 따른 반사작용으로 몸을 옆으로 돌리다가 제 3탄을 등쪽에 맞았을 가능성도 있다. 제 1탄, 2탄과 제 3탄의 맞은 자리가 거의 같은 높이라는 점도 이를 뒷받침한다.

어쨌거나 이토 히로부미의 몸에 박힌 총알이 브로우닝 총의 탄환인지 프랑스 기병총의 탄환인지만 밝혀지면 무로다가 주장하는 '제3의 범인설'의 진위를 밝힐 수 있겠지만, 어째서인지 탄환 종류에 대한 확실한 언급이 없어 의혹만 키우고 있는 것이다.

메이지 유신의 지사들은 색마 또는 사기꾼

메이지 유신이란?

일본의 메이지 유신이란 종래의 봉건제도인 막번체제(幕藩體制)를 무너뜨리고 천황을 중심으로 한 중앙집권적 통일국가와 근대 자본주의로의 길로 들어서게 한 정치·사회적 대변혁을 말한다.

메이지 유신의 기간에 대해서도 여러가지 설이 있으나 대체로 1853년 미국의 동인도 함대 사령관 페리(M. Perry) 제독이 당시의 밀라드 필모어(Millard Fillmore) 대통령의 국서를 가지고 일본의 개국을 요구한 시점부터 시작되었다고 본다.

이후 존황양이(尊皇攘夷: 천황을 받들고 외국인을 배척하던 국수주의적 정치사상)를 주장하는 토막파(討幕派)와 도쿠가와 막부 체제를 유지하려는 좌막파(佐幕派)의 싸움을 거쳐 1867년의 대정봉환(大

▲ 메이지 유신 태동지비(쇼인신사 경내)

政奉還: 도쿠가와 막부가 정권을 메이지 천황에게 반환한 일)을 통해, 12세기 가마쿠라 막부를 시작으로 680년간 지속되어 온 '무인시대'가 막을 내리고 천황을 중심으로 한 왕정복고가 이루어졌다.

그리고 1868년 메이지 천황이 신정부의 정치방침인 '5개조 선언문'을 발표하고 수도를 교토에서 도쿄로 옮기고 여러가지 개혁을 단행함으로써 메이지 유신이 완성되었다.

이러한 메이지 유신을 통해 일본은 경제적으로는 자본주의, 정치적으로는 입헌정치, 사회·문화적으로는 아시아 최초의 근대적 통일국가가 되었고, 이러한 격동의 시대에 목숨을 바쳐 메이지 유신의 대업을 이루게 한 젊은 인재들을 '유신의 지사'라고 하며 오늘날까지도 기리고 있다.

그러나 과연 '유신의 지사'로 인기높은 다카스기 신사쿠(高杉晉作), 사카모토 료마(坂本龍馬), 기요가와 하치로(淸河八郎), 야마가타 아리토모(山縣有朋), 오쿠보 도시미치(大久保利通) 등 모두가 후손들로부터 빛나는 찬사를 받을 자격이 있을까? 정말 사리사욕이 아닌 국가와 일본민족, 아니 천황을 위해서 목숨을 아끼지 않았을까?

필자는 아니라고 말하고 싶다. 오히려 '유신의 지사'라고 하는 그들이 오래 살아남지 않고 일찍 죽어주어서, 시쳇말로 민폐 끼치지 않아서 그나마 오늘날 일본이 세계의 대국으로 우뚝 설 수 있었다고 본다. 일본은 정말 운이 좋았던 것이다.

오늘날 일본사회에 뿌리깊게 자리잡고 있는 문제들, 즉 정치가의 뇌물수수, 부정, 낙하산 인사, 동향인 봐주기, 학벌 위주 교육문제(일류대 지향, 특히 동경대의 고급관료 독점)에 따른 입시지옥, 과외열풍, 정계·재계·관계의 담합행위 등 모든 부조리의 근원이 바로 '메이지 유신'에 있는 것이다.

메이지, 다이쇼(大正) 시대는 말할 것도 없고, 쇼와(昭和) 시대인 2차대전 이전까지만 해도 역사상의 인물을 권력자의 의지가 작용한 이데오로기만으로 판단하여, 그 인물의 역사 사실과는 다르게 영웅시하는 경우가 많았다. 이는 물론 일본만의 문제는 아닐 것이다. 어느 나라에서나 권력을 잡은 자, 승자는 당대에 아니면 나중에라도 후손들에 의해 영웅으로 덧칠되어지는 경우가 비일비재한 것이다.

그리하여 심지어는 쵸슈(長州: 지금의 야마구치현)의 어느 지사가 지었다는 시조차도 어리석은 어용학자들이 얄팍한 황국사관으로 격찬하며 영웅으로 떠받들고, 무고한 국민들을 전쟁터로 내모는 데 일익을 담당하기도 한 것이다.

이제부터 '유신의 지사' 중에서 유명한 인물들의 생생한 모습을 살펴보기로 한다.

공금횡령의 왕자 다카스기 신사쿠

다카스기 신사쿠는 1839년 쵸슈번 하기시(萩市)에서 대대로 번주(藩主)인 모리가(毛利家)의 가신으로 가록(家祿) 550석 정도인 제법 유복한 가정에서 태어났다. 그는 쥬쿠(塾: 오늘날의 사설학원) 및 번교(藩校)인 명륜관(明倫館)을 다녔지만 학문에는 뜻이 없었고, 검도에 흥미를 느껴 19세 때 야규신카게류(柳生新影流)의 멘쿄가이덴(免許皆傳: 스승의 오의[奧義]를 모두 전수함)을 얻었다.

1857년 11월, 요시다 쇼인(吉田松陰)이 쇼카손쥬쿠(松下村塾)를 개설했다. 요시다는 언행일치를 중시하는 양명학(陽明學)의 신봉자였다. 그는 1859년 10월, 안세이노 다이고쿠(安政大獄) 사건으로 30세의 젊은 나이로 죽었으나 그의 가르침은 다카스기를 비롯한 구사카 겐즈이(久坂玄瑞), 이토 히로부미, 야마가타 아리토모, 기도 다카요시(木戸孝允) 등 쵸슈의 많은 청년들에게 큰 영향을 주었다.

다카스기는 집안이 워낙 보수적이라서 당시 위험한 사상을 교육

◀ 쇼카손쥬쿠
(쇼인신사 경내)

◀ 쇼카손쥬쿠의 강의실.
벽의 인물 족자와
오른쪽의 동상은
요시다 쇼인

◀ 쇼인신사 경내

시키는 요시다 쇼인의 쇼카손쥬쿠 출입을 금지시켜 몰래 다녔다고
한다.

그는 1862년 막부의 상해무역사절단에 쵸슈번 대표로 동행하게
되었다. 나가사키에서 막부의 증기선 치도세마루(千歲丸)의 출항을
기다리는 동안 그는 쵸슈번의 공금을 사용하여 매일 유곽을 출입하
며 술과 여자를 찾았다. 그 뿐만이 아니다. 상대하던 게이샤(藝者)를
거액의 공금을 써서 낙적(落籍: 여자의 빚을 갚아주고 몸을 빼내주
는 일)시킨 후, 실컷 육욕을 즐긴 후에는 다시 팔아 넘겨 버렸다.

상해에서 돌아온 다카스기는 다시 에도(江戶: 지금의 도쿄)로 가
서 요코하마(橫賓) 외국인 거류지 습격을 계획하였으나 정보가 누
설되어 중지하기도 하고, 이토 히로부미, 이노우에 카오루(井上馨),
구사카 겐즈이 등과 함께 신축중인 영국 공사관에 불을 지르기도
하였다.

다카스기는 가는 곳마다 숙소가 유곽이었다. 결코 술과 여자가 빠
지지 않는다. 에도에서의 다카스기의 숙소는 사가미야(相模屋)라고
하는 유곽이었다. 사가미야에는 최근까지도 '다카스기 신사쿠가 술
을 마시던 방'이 남아 있었다고 한다.

1863년 쵸슈로 돌아온 다카스기는 기병대(奇兵隊: 번의 정규병이
아닌 일종의 지원병)를 편성하여 총감(總監)으로 취임한다. 흔히 기
병대는 신분의 상하 구별이 없는 서민적이고 국민적인 군대로 알려
져 있으나 새빨간 거짓말이다.

다카스기는 기병대의 후임 총감인 아카네 다케토(赤根武人)가 부

하들로부터 인망이 두터운 것을 시기하여, 전 대원들 앞에서 '조그만 섬 출신 촌놈'이라고 사납게 욕을 해대기도 하였다.

다카스기는 암살 위협을 피해 시코쿠로 도피행을 하면서도 오우노라는 애인과 동행하였는데, 그녀는 이토 히로부미의 두번 째 부인이 되는 우메코(梅子)와 같은 유곽 출신이다.

다카스기는 메이지 시대를 눈 앞에 둔 1867년, 29세라는 젊은 나이에 폐결핵으로 사망했다.

조폭 뺨치는 협박꾼 사카모토 료마

사카모토 료마는 1835년 11월 시코쿠 토사번(土佐藩: 지금의 고오치현)에서 양조장을 하는 부친의 2남3녀 중 막내로 태어났다. 상당한 재산을 모은 부친은 향사(鄕士: 토착 농민으로 무사 대우를 받는 자)의 권리를 사서 겨우 말단 사무라이(侍) 축에 끼게 되었다.

료마는 어렸을 때 '울보'니 '오줌싸개'라는 별명으로 놀림을 당하자 칼을 빼어드는 소동을 일으켜 쥬쿠에 갈 수 없게 되어 누나가 가정교사 노릇을 하기도 했다. 그러나 학문이나 지식보다는 검도에 집중하였다.

료마는 19세 되던 해인 1853년, 처음으로 에도에 나와 치바 사다키치(千葉定吉)의 문하생이 되어 북진일도류(北辰一刀流)를 수련했다. 보통 '사카모토 료마' 하면 그래서 '검술의 달인'으로 알려져 있으나 실제 기록을 살펴보면 이리저리 옮겨다니면서도 칼 싸움을 한

횟수가 별로 없고 또 이겼다는 기록도 거의 없다. 1857년 에도에 있는 토사번의 저택에서의 검술시합에서 무명의 시마다 고마노스케(島田駒之助)를 이긴 것이 유일한 승전 기록이다.

교토 후시미(伏見) 데라다야(寺田屋)에서 부교쇼(奉行所 : 에도시대의 행정관청) 포졸들에게 쫓길 때에도 칼을 차고 있으면서도 피스톨로 쏘기만 하다 손가락을 다쳐 도망치기도 하고, 1867년 교토의 오미야(近江屋)에서 암살될 때에도, 비록 기습을 당하기는 했지만 상대방에게는 상처 하나 입히지도 못하고 자신은 중상을 입고 죽고 만 것을 보면 검술 실력이 상당히 과장되었음을 알 수 있다.

토사번의 하급무사 다케치 즈이산(武市瑞山)이 1861년 '존황양이'의 기치를 내걸고 결성한 것이 토사근왕당(土佐勤王黨)이며 사카모토 료마도 여기에 가입했다. 이 토사근왕당의 다케치가 료마를 '대허풍선이'라고 말했다는 기록도 남아 있다. 제대로 본 것이다. 다만 이러한 료마의 성격도 잘 이용하기만 하면 쓸모가 있을 것이라고 본 것이다. 결국 훗날 료마는 원수지간인 사츠마(薩摩 : 지금의 가고시마현)와 쵸슈를 연합시켜 막부를 쓰러뜨리는데 결정적인 공헌을 하게 되었다.

료마 역시 여자문제는 남에게 떨어지지 않는다. 나가사키에서는 주로 마루야마(丸山)의 화월루(花月樓) 등의 게이샤를 일종의 현지처로 삼아 상대하곤 하였다.

료마에게서 빼놓을 수 없는 여자가 오료(御龍)라고 하는 사람이다. 이 여자는 성깔이 대단해서 야쿠자의 멱살을 잡고 싸우기도 한

맹렬여성이다. 료마는 이 여자를 교토 후시미 데라다야에 맡겨놓고 왔다 갔다하며 성욕의 배출구로 이용하다가, 나중에는 정식 부인으로 삼았다. 그러나 그녀는 료마가 암살당하자, 이 남자 저 남자 섭렵하다 마지막으로 어느 행상인과 붙어다니다가 비참한 최후를 마쳤다고 한다.

그밖에도 료마에게는 검도 스승 치바 사다키치의 장녀인 사나(佐那)와 토사근왕당 시절의 동료의 여동생인 히라이 가오(平井加尾) 등 사랑스런 여인이 많이 있었다.

1867년 4월, 료마와 '가이엔타이'(海援隊 : 사카모토 료마가 나가사키에 설립한 무역회사)가 오오즈번(大洲藩 : 지금의 시코쿠 에히메현 大洲市)으로부터 보름 동안의 사용료 500냥을 지불하고 빌린 작은 기선(160톤) 이로하마루가 오사카 방면으로 항해중 세토나이카이(瀬戸内海)에서 짙은 안개로 기슈(紀州 : 도쿠가와 3대 가문의 하나)의 메이코마루(明光丸 : 887톤)와 충돌하여 침몰했다.

료마가 기슈번이 잘못을 인정하고 배상금을 지불하지 않으면 토사와 쵸슈가 연합하여 공격을 한다는 등 협박을 하자, 보수적인 기슈번은 체면 때문에 조용히 사건을 마무리하려고 배상에 응하였다. 배상금은 당초 8만 3천냥으로 합의했으나 이로하마루도 현등(舷燈)을 달지 않은 잘못을 참작해서 7만냥으로 결정되었다.

료마는 7만냥 중 절반 정도를 오오즈번에 갚고, 나머지 금액중 1만 5천 340냥을 가이엔타이에 주었다. 대박을 터뜨린 것이다. 오늘날의 '자해공갈단' 이나 '보험사기단' 의 수법과 비슷하지 않은가? 또한 1만 5천냥은 료마와 대원들이 나눠 나가사키의 마루야마에서 창녀들과 질펀하게 노는데 사용했음은 말할 것도 없다.

료마가 같은 해 11월 교토의 오미야에서 암살되자, 아마 일전의 '이로하마루 사건'의 원한으로 기슈번의 자객에게 당했다고 생각했는지, 16명의 대원이 기슈번 숙소인 텐마야(天滿屋)로 쳐들어가 4명 사망, 4명 중경상의 참사로 이어졌다. 결국 자기들이 기슈번에 대해 공갈, 협박을 했음을 스스로 증명한 셈이다.

여자라면 사족을 못쓰는 기요가와 하치로

기요가와 하치로(清河八郞)는 1830년 데와(出羽 : 지금의 야마가타현) 쇼나이번(庄內藩) 기요가와무라(清川村)에서 호농 집안의 장남으로 태어났다. 기요가와는 14세 때 아버지가 준 두 냥의 돈을 갖고 항구도시 사카다(酒田)의 유곽을 찾아가 다카요(高代)라는 창녀와 첫 경험을 하게 되었다. 시작부터 재미가 좋았는지 기요가와는 평생 온갖 여자를 섭렵하게 된다.

18세가 되자 기요가와는 3년간 공부를 하고 오겠다는 메모를 남기고, 달랑 한 냥 삼 푼(分)의 돈만 지닌 채 고향을 뛰쳐나왔다. 쇼나이번으로부터 에도까지 가는데는 보통 보름이 걸린다. 그런 형편인데도 이틀째에는 벌써 여자를 끼고 잔다.

에도에 도착해서는 돈을 한 냥 빌려 그 유명한 요시와라(吉原 : 1617년 이후 지금까지 현존하는 유곽)에 가서 에도 입성 신고를 하였다. 처음 온 에도지만 호농인 부친에게 신세진 사람들이 있어 돈도 빌릴 수 있었던 것이다. 비록 나이는 어리지만 빈틈이 없는 것이다.

기요가와는 생활이 곤궁해지자 친척의 소개로 쌀가게 점원으로 일하는 한편, 도조쥬쿠(東條塾)에서 공부도 시작했다. 마침 도조쥬쿠 옆집이 유명한 북진일도류 치바 슈사쿠(千葉周作)의 도장이므로 입문하여 검술도 배우게 되었다.

1848년 갑자기 동생이 죽자 일단 고향으로 돌아온 기요가와는 1년 반 정도 머무르게 되는데, 그 동안에도 끊임없이 창녀 사귀기를 하더니 기어코 성병에 걸리고 말았다. 그는 성병 치료차 온천에 갔는데, 그곳에서도 질병 치료차 온 오키요(御淸)라는 여자를 낚는다.

어떻게 기요가와의 여성편력을 자세히 알 수 있냐 하면 기요가와는 일기에 자신이 상대한 여자의 이름까지 정확하게 기록으로 남겼기 때문이다. 그렇다면 기요가와만 특별히 호색한이었을까? 아니다. 그것은 당시(19세기 중엽) 일본의 청장년 남자들의 일상적 섹스 라이프로서 오늘날의 그것과 비교해도 전혀 손색이 없다. 다만 다른 사람들은 자세한 기록을 남기지 않았을 뿐이다.

1858년 안세이노 다이고쿠가 일어나 여론에서 양이론(攘夷論)이 우세해지자, 당시 쥬쿠를 운영하고 있던 기요가와도 학생 모집에 유리한 존황양이론을 주장하였다.

기요가와는 1861년 5월 요정에서 돌아오는 길에 시비가 벌어져, 상인 하나를 무례하다는 이유로 칼로 베어 버렸다. 그는 동북지방을 전전하며 도망을 다니다 자살까지 생각한 적도 있었다. 그러나 이러한 도피생활을 통해 그는 큐우슈우의 과격파들과 교류를 갖게 되었다.

당시 막부에서는 로닌(浪人 : 주인없는 떠돌이 무사)을 모집하여 교토의 불평분자들을 처리하려는 계획을 세웠다. 1863년 1월의 일이다. 로닌들의 반응은 대단해서 기요가와를 비롯해 야마오카 뎃슈(山岡鐵舟), 사사키 다다사부로(佐佐木只三郎) 등 234명이나 모여 들었다.

일행이 교토 신토쿠지(新德寺)에 모였을 때 기요가와가 앞에 나와 천황의 칙명을 받들어 양이(攘夷)에 매진하자는 존황양이론을 역설하였다. 234명의 로닝 중 막부를 지지하는 곤도 이사미(近藤勇), 세리자와 가모(芹澤鴨) 등 13명만 교토에 남고 나머지 220여 명은 에도로 돌아갔다. 이때 곤도, 세리자와 등 교토에 남은 로닌들이 만든 것이 바로 '신센구미'(新撰組 : 반막부세력의 진압활동을 주로 함)인 것이다.

기요가와 등은 양이 활동의 일환으로 요코하마 외국인 거류지 습격을 계획하였다. 그러나 1863년 4월 13일, 기요가와는 같은 낭사대(郎士隊) 동료였던 사사키 다다사부로의 칼날에 비명횡사하고 말았다.

뇌물수수의 명인 야마가타 아리토모

야마가타 아리토모는 다카스기 신사쿠의 부하 기병대원이었다. 그는 그 기회를 이용하여 교묘한 수단으로 출세를 거듭했다.

야마가타는 젊었을 때 농민이 경작하는 전답의 예상수확량을 조사하는 세무서의 말단 조사원이었다. 비록 말단 조사원이긴 하지만 농민에게 있어서는 귀신보다 무서운 존재였다. 조사원이 심술을 부리면 평년작이 풍년이 되고, 흉작이 평년작으로 기록되어 엄청난 세금을 부담해야 하는 것이다. 그러므로 조사원에게 뇌물을 바쳐야 하는 것은 물론, 조금이라도 얼굴이 반반한 딸이라도 있으면 하룻밤이라도 재워 보내야만 했던 것이다.

젊어서부터 그런 달콤한 맛을 즐겨온 야마가타가 육군경(陸軍卿)이 되고, 국민개병제(國民皆兵制)를 강력하게 추진하여 결국 일본을 군국주의, 침략주의의 길로 이끌어가게 된 것은 너무도 당연한 결과이다.

도쿄 도심 근처 메지로다이(目白臺)라는 곳에 춘산장(椿山莊)이라고 하는 넓다란 정원에 둘러싸인 연회장이 있다. 이 춘산장이 바로 메이지시대 야마가타의 사저였던 것이다. 필자도 17년 전 ㅍ제철 동경사무소 근무 시절 딱 한번 가서 식사를 해 본 적이 있는데, 당시 기억으로도 방이 도대체 몇 개나 되는지 알 수 없을 정도였다.

야마가타 역시 '전형적인 졸부의 취미' 답게 9개의 별장을 소유했다. 그것도 모두 넓은 부지 위에 웅장한 건물로 지어진 별장들이다.

춘산장은 그중 하나일 뿐이다.

야마시로야 가즈스케(山城屋和助)라는 자가 있었다. 야마시로야 역시 야마가타와 마찬가지로 다카스기 신사쿠의 기병대원 출신으로 무진전쟁(戊辰戰爭: 1868년부터 이듬해에 걸쳐 신정부군과 구 막부군 간의 전쟁)에서 공을 세웠다. 그는 메이지유신 후 정계로 진출하지 않고 상인이 되어 육군성의 어용상인(御用商人)이 되었다.

당시 병부대보(兵部大輔: 오늘날의 국방부 차관에 해당)가 기병대 시절의 전우였던 야마가타 아리토모였다. 야마시로야는 야마가타를 통해 융자받은 육군성 공금으로 생사(生絲) 투기를 하다 폭락으로 큰 손해를 보게 되었다.

그러자 당시 사법경(司法卿)인 사가현 출신 에토 신페이(江藤新平)는 야마가타를 제거할 좋은 기회로 보고 육군성을 조사하려 하자, 야마가타는 야마시로야에게 메이지 5년(1872) 말까지 변제하도록 종용했다.

마침 메이지 5년 말은 태음력(太陰曆)에서 태양력(太陽曆)으로 바뀌어 음력 12월 3일이 1873년 1월 1일이 되었다. 즉 연말이 거의 한달 가까이 당겨진 것이다. 도저히 변제를 할 수 없게 된 야마시로야는 야마가타에게 속은 것을 알고 증거서류 일체를 불태우고 육군성 안에서 할복자살하고 말았다. 이것이 바로 '야마시로야 사건'(山城屋事件)이다.

야마가타는 원래 '뇌물수수의 명인'이며 더불어 공금횡령에도 탁월한 재주가 있었다. 오늘날까지도 일본의 정치인들이 야마가타의 세금공제, 정치헌금 조작 등의 수법을 그대로 활용하고 있을 정도니까.

야마가타는 두 번 수상 자리에 올랐다. 두 번째로 수상이 된 것이 1898년이다. 이때 메이지 천황이 26만엔, 궁내성(宮內省)에서 72만 엔의 공작자금이 나왔다. 오늘날의 우리 화폐가치로 하면 500억원이 넘는 엄청난 금액이다. 이 돈 중에서 야마가타가 수취하여 은행에 불입한 것은 겨우 85,500엔이었다. 나머지 90만 엔 가까운 돈이 야마가타의 호주머니 속으로 사라진 것이다.

미타니가(三谷家)는 12대나 계속된 에도 최고의 금은을 취급하는 환전상(換錢商)이었다. 미타니는 쵸슈번의 환전업무를 맡고 있었고, 메이지 유신 이후에는 육군성의 어용상인이 되었다.

미타니는 아사쿠사(淺草)에 저택을 하나 소유하고 있었는데, 야마가타는 매주 토요일마다 이곳에 와서 '게이샤들과의 밀회'를 즐기며 별장처럼 사용했다고 한다. 모든 비용을 미타니가 부담했음은 물론이다.

어느날 미타니가 보관하고 있던 육군 공금중 현금이 부족한 사실이 발견되었다. 야마가타는 역시 '야마시로야 사건' 때와 마찬가지로 미타니를 도와주기는커녕 변상하기를 명령하였다. 재미는 재미대로 실컷 보고 정작 상대방이 필요로 할 때에는 나 몰라라 오리발 내미는 재주는 오늘날의 부패 정치인으로도 손색이 없다.

다급해진 미타니는 부족한 금액의 담보로 도쿄 시내에 보유하고 있던 50개 소유지를 제공하겠다고 제의했다. 정부측에서는 육군성과 대장성(大藏省: 우리나라의 재무부에 해당)이 이 문제를 검토했다. 보통 사람들의 머리로 생각하면 부족금액에 대한 대체물건의 가격이 높다면 그대로 받아들이면 될 것 같은데, 정치인들의 계산방법은 그렇게 단순하지가 않다.

우선 미타니가 내놓은 토지를 미쓰이구미(三井組)가 수취하고, 미타니의 부족금액을 미쓰이구미가 갚는다. 그리고 미쓰이구미가 새로이 육군성의 어용상인이 되고, 60만엔을 10년 거치 무이자 융자로 받았다.

당시의 대장경(오늘날의 재무부 장관)은 쵸슈 출신 이노우에 가오루(井上馨)다. 이노우에는 미쓰이 재벌의 최고고문을 역임한 '미쓰이 맨'이다. 결국 같은 쵸슈 출신인 야마가타와 이노우에의 합작으로 미타니는 몰락하고 미쓰이는 재벌의 길을 튼튼하게 다진 것이다. 야마가타는 단지 '힘이 다한 미타니'라는 말로부터 '싱싱한 미쓰이'라는 말로 갈아탄 것뿐이었다.

평생의 친구를 배반한 오쿠보 도시미치

오쿠보 도시미치(大久保利通)는 사츠마(薩摩: 지금의 가고시마 현) 출신으로 정한론(征韓論)으로 유명한 사이고 다카모리(西鄕隆盛)와 같은 동네에서 자란 죽마고우다.

흔히 오쿠보하면 도막(倒幕)을 실현한 혁명가이며 메이지 신정부의 핵심 정치가로, 구체제의 파괴와 신체제의 건설이라는 일견 모순

되는 대사업을 성공적으로 이끈 인물로 높게 평가한다. 특히 우리나라에서는 사이고 다카모리의 정한론을 반대한 평화론자의 이미지가 커서 다른 인물들에 비해 호의적인지도 모르겠다.

그렇다면 정말로 오쿠보는 평화를 사랑하는 평화론자였을까? 아니다. 오쿠보가 사이고 등의 정한론을 반대한 것은 명목상으로는 '내치우선'(內治優先)이었지만 사실은 사이고 다카모리에 대한 견제심리 때문이었다.

오쿠보는 1871년 11월 11일부터 서양과의 불평등조약 개정과 선진국 시찰 목적으로 이와쿠라 도모미(岩倉具視)를 단장으로 한 기도 다카요시, 이토 히로부미 등 48명의 사절단의 일원으로 1년 반의 해외시찰을 하고 1873년 5월에 귀국하였다.

오쿠보가 귀국해 보니, 조선왕조가 메이지 신정부의 국교 교섭을 거부하였다. 그래서 이 무례한 행동을 징벌하기 위해 사이고 다카모리, 에토 신페이, 이타가키 다이스케(板垣退助) 등의 정한론이 대두되고, 사이고를 문죄사(問罪使)로 파견하기로 결정되어 있는 형편이었다.

그러므로 오쿠보는 정한론이 그대로 받아들여지면 라이벌 관계인 사이고의 영향력이 더욱 강해지고 자신의 입지는 더 좁아질 것을 우려해 반대를 한 것뿐이다. 그가 평화론자라서 반대한 것이 아니라는 점은 이듬해 바로 알 수 있다. 1874년, 대만 현지인이 일본 어부를 살해한 사건에서 발단된 대만출병(臺灣出兵)을 적극 지지하고, 오쿠보 스스로 전권대사로 청국에 들어가 50만냥의 막대한 배상금까지 받아내기도 하였다.

　또한 정한론의 폐지로 하야한 사이고 등이 불만을 품고 병력을 모을 때, 사츠마(가고시마)에 직접 내려가서 위로하며 손을 잡고 설득했더라면 서남전쟁(西南戰爭)은 일어나지 않았을 것이다. 그랬으면 오쿠보 자신도 1878년 5월 도쿄의 기오이자카(紀尾井坂)에서 자객의 손에 암살을 당하지도 않았을 것이다. 그러나 오쿠보는 오히려 사이고 다카모리의 친동생 사이고 츠구미치(西鄕從道)를 설득하여 자기 편으로 만들어 평생의 친구였던 사이고 다카모리를 치는데 앞장서게 하였던 것이다.

메이지 유신의 원인

　이제까지의 인류의 역사를 살펴보면 그 주도권은 언제나 권력자(승리자, 지배자)의 손에 쥐어져 왔다. 피지배층인 일반 민중이 교육 등을 통해 권력자의 모순을 일치단결된 힘으로 변혁시키려는 운동을 '혁명'이라고 하며, 이러한 혁명이 있는 시대를 근대라고 부르기도 한다.

　그렇다면 일본의 메이지 유신도 중세 말기의 전제왕권을 무너뜨리고 근대국가로 탈피하기 위한 프랑스 혁명(1789)이나 러시아 혁명(1917)과 같은 성격의 혁명일까? 그렇지 않다. 메이지 유신은 근대국가로 탈피하기 위한 어쩔 수 없는 혁명도 아니고, 일반 민중의 힘이 하나가 되어 밑으로부터 올라온 혁명도 아니다. 극히 개인적인, 또는 지역적인 이익 추구를 위한 파벌 투쟁의 산물이다.

　메이지 유신의 원인(遠因)을 찾으려면 400여 년 전의 '세키가하라 (關が原) 전투'까지 거슬러 올라가야 한다. 1598년 도요토미 히데요시가 죽자 토요토미 정권 내부의 모순이 표면화하게 되었다. 1600년 천하의 패권을 놓고 도쿠가와 이에야스의 동군과 이시다 미츠나리 (石田三成)의 서군이 미노(美濃 : 지금의 기후현)의 세키가하라에서 싸움을 벌였다.

　도쿠가와측의 동군에는 가토(加藤), 다테(伊達), 호소가와(細川), 구로다(黑田) 등 후다이 다이묘(譜代大名 : 이전부터의 도쿠가와의 가신), 이시다측에는 모리(毛利), 쵸소가베(長曾我部), 우키다(宇喜多), 시마즈(島津), 고니시(小西), 고바야가와(小早川), 우에스기(上杉) 등의 다이묘(大名 : 봉록이 1만 석 이상인 무가)가 참가했다.

　당초 이시다의 서군이 유리했으나 고바야가와의 배신으로 도쿠가와의 동군이 승리하게 되었다. 그 결과 주모자급인 이시다 미츠나리, 임진왜란의 악역 고니시 유키나가(小西行長)는 사형, 나머지 서군의 다이묘들은 영지를 몰수 또는 축소당하거나 다른 곳으로 옮기게 되었다.

　그리하여 서군의 모리가는 종래의 100만 석에서 36만 석으로 깎이고, 영지도 히로시마를 잃고 야마구치현 하기(萩)로 옮겨졌다. 바로 쵸슈번인 것이다. 쵸슈번으로서는 260여 년의 도쿠가와 막부에 대한 원한을 간직해 온 것이다.

　토사번의 경우는 조금 다르다. 토사번의 영주인 쵸소가베 모리치카(長曾我部盛親)는 영지에서 쫓겨나고, 24만 석의 다이묘 야마우치 가즈토요(山內一豊)로 교체되어 버렸다. 야마우치는 쵸소가베의 유신들의 반항이나 불만을 억제하기 위하여 쇼야(庄屋: 마을 일을 맡아 하는 오늘날의 촌장) 등 현지 관리를 등용하였으나 야마우치가(家)의 후다이 가신(譜代家臣)과는 엄연한 차별을 두었다. 아무리 능력이 있고 공부를 잘 해도 출세는 애당초 불가능했다.

결국 막부 말기에 권위가 약화되고 규제가 허술해진 틈을 타서 탈번(脫藩)을 하는 무리들이 많이 나오게 되었다. 사카모토 료마나 다케치 즈이산 등이 존황양이를 대의명분으로 내세우고 토사근왕당을 만들게 된 것도 이 때문이다.

사츠마번의 경우도 번주(藩主)인 시마즈가 '세키가하라 전투'에서 서군에 속했으나 용서를 받고, 77만 석의 도자마 다이묘(外樣大名: 세키가하라 전투 이후 도쿠가와 가문을 받든 다이묘)로서 존재하였다.

막부 말기의 번주인 시마즈 히사미츠(島津久光)는 당초 공무합체파(公武合體派: 조정과 막부의 협력으로 대외문제를 해결하자는 입장)의 중심 인물로 활약했으나, 사이고 다카모리와 오쿠보 도시미치 등에 의해 도막(倒幕)쪽으로 기울어지게 되었다.

또한 사츠마번은 막부의 명에 의한 대규모 하천공사 등으로 500만 냥이라는 천문학적인 빚을 지고 있었다. 그러므로 사츠마번은 막부에 대한 원한과 빚을 탕감해 버리기 위해서도 막부를 쓰러뜨리는 데 적극적일 수밖에 없었다.

공가(公家 : 천황의 조정에서 벼슬하는 사람)는 가마쿠라 막부 이래 무인시대가 계속된 700년 가까이 권력과는 무관한 존재로 전락하고 말았다. 19세기 무렵의 공가의 생활은 천황의 측근인 섭관가(攝關家 : 섭정이나 관백이 될 수 있는 가문) 정도가 1 ~ 2천 석, 말단 공가는 10 ~ 20석밖에 안된다. 그것으로 생활이 될 리가 없다. 그러므로 생계를 꾸려나가기 위해 음악, 서도, 시 등을 가르치는 부업을 가지지 않을 수 없었다.

그들의 가슴속엔 무가정치(武家政治) 이전의 헤이안 시대(平安時代)의 찬란했던 귀족문화의 향수가 가득해, 언젠가는 무인들의 막부정권을 쓰러뜨리고 천황을 중심으로 하는 왕정복고를 이루었으면 하는 바램이 얼마나 가득했을까?

▲ 요시다 쇼인, 이토 히로부미, 야마가타 이리토모 등 초슈번(야마구치현) 출신 메이지 유신의 주역들 사진

어쨌든 이처럼 처음에는 거창하게 '존황양이'의 기치를 내걸고 메이지 유신을 단행한 사츠마, 쵸슈, 토사 출신 하급무사들의 광기(狂氣)가 결과적으로 막부를 쓰러뜨린 것은 틀림없는 일이다. 그러나 이진기리(異人斬: 외국인 베어 죽이기, 오늘날 이라크의 과격 테러리스트들이 하는 짓과 유사) 등의 야만적인 잔혹행위를 하던 자들이 일단 천하를 거머쥐자, 언제 그랬냐는 듯이 말을 바꾸어 양이는 커녕 '외국인 대환영' 분위기로 싹 바뀌어 버린 것이다.

이토 히로부미나 이노우에 가오루를 비롯한 메이지 유신의 원훈들은 실크햇에 모닝 코트, 서양 구두를 신고 첩(妾)을 옆에 끼고 이두마차(二頭馬車)를 타고 거드름 피우며 호사스러운 생활을 보냈다.

이는 결국 도쿠가와 막부가 행한 개국 · 개항이 옳았음을 의미한다. 개국론자, 개항론자이기 때문에 역적이니 매국노 취급받으며 억울하게 목숨을 잃은 사람들이야말로 실질적인 피해자인 셈이다.

메이지 신정부는 사츠마, 쵸슈, 토사의 세 번을 중심핵으로 한 번벌정부(藩閥政府)라고 할 수 있다. 세 번이 정부의 요직을 나누어 독식하고 있는 것이다. 그 중에서도 쵸슈의 활약은 눈부시다. 1885년부터 1984년까지 100년 동안 쵸슈 출신 총리는 이토 히로부미, 야마가타 아리토모, 가츠라 타로(桂太郎), 데라우치 마사다케(寺內正毅), 다나카 기이치(田中義一), 기시 노부스케(岸信介), 사토 에이사쿠(佐藤榮作) 등 7명이나 되며 집권기간도 33년이나 된다. 그야말로 새로운 문벌의 탄생이며 또다른 봉건제도의 부활인 것이다.

3

충신장인가 역적장인가

충신장이란?

해마다 12월 말이 되면 일본에서는 거의 반드시라고 해도 좋을 정도로 '충신장'(일본 발음으로는 츄신구라)에 관한 영화나 TV 드라마, 가부키(歌舞伎 : 일본의 고유 전통연극), 소설 등이 나와 세모의 들뜬 분위기 속에서도 주군에 대한 충성의 의미를 되새기며 퇴색되어가는 애국심을 조금이나마 고취시킨다.

매년 정월 에도의 쇼군(將軍)은 교토에 있는 천황에게 조하사(朝賀使)를 보내고, 천황은 그에 대한 답례로 2월 상순에서 3월 상순 사이에 칙사(勅使)·원사(院使)를 에도에 보낸다.

1701년의 칙사·원사를 접대하는 칙사향응역(勅使饗應役)에 아코오 성주(赤穗城主) 아사노 나가노리(淺野長矩)와 요시다 성주(吉

▲ 아코오성

田城主) 다테 무라토요(伊達村豊)가 임명되었다. 칙사·원사의 접대 역은 1만~7만석 급의 다이묘가 매년 돌아가면서 맡게 되어 있다. 물론 접대를 위한 모든 경비는 칙사향응역 본인 부담이다.

또한 다이묘는 무사 출신이라 궁중전범(宮中典範)에 어두워 의전 전례(典禮)에 정통한 고케(高家 : 에도 막부를 섬겨 세습으로 전례를 맡았던 집안)의 지도를 필요로 한다.

그러므로 고케의 지도를 받기 위해서는 어느 정도의 성의(뇌물)를 보여야 하는 것이 당시의 관습이었음에도 불구하고 아사노 나가노리는 거의 성의를 보이지 않았다고 한다. 이에 화가 난 고케 키라 요시히사(吉良義央)는 향응역의 예의범절을 제대로 가르쳐주지 않아 아사노에게 창피를 주었다고 한다.

이에 앙심을 품은 아사노가 칙사 접대 마지막 날 에도성 내에서 칼을 빼들어 키라를 죽이려다 실패하고, 오히려 본인이 당일 셋뿌꾸(切腹 : 헤이안 시대 말기 이후의 무사의 할복자살)로 죽게 되었고, 가문마저 단절되었다.

졸지에 로닌(浪人 : 주군없는 떠돌이 무사)이 되어버린 300여 명의 가신들 중에서 필두 가로(家老) 오이시 구라노스케(大石內藏助)를 비롯한 47명이 1년 10개월의 절치부심(切齒腐心)끝에 키라의 저택을 습격하고, 그의 목을 베어 도쿄 센가쿠지(泉岳寺)에 있는 주군 아사노의 묘에 바친다.

막부에서는 47명의 아코오 로닌 전원에게 셋뿌꾸의 명을 내린다. 이 사건을 배경으로 한 가부키가 <가나데혼 츄신구라(假名手本忠臣

▲ 센카쿠지(泉岳寺)　　　　　　　　　　▲ 센카쿠지에 있는 오이시가의 묘

藏)>이며 일본인에게 가장 인기있는 가부키 중의 하나다. 보통 줄여서 <츄신구라(충신장)>라고 한다.

아사노 나가노리의 칼부림 사건

겐로쿠(元祿) 14년(1701) 3월 14일 오전 11시 경 에도성. 이 날은 칙사를 접대하는 행사의 마지막 날이다. 칙사와 원사는 이미 도착하여 휴식을 취하고 있으며, 폭 3.6미터의 넓은 복도에는 칙사향응역, 원사향응역 및 각 고케들도 나와 정위치에 자리하고 있었다.

이 날 행사의 리더격 고케인 키라 요시히사는 마지막 행사 협의차 자리를 비우고 있었다. 키라가 용무를 마치고 돌아오다 가지가와 요리테루(梶川賴照)와 이야기를 하는 중에 갑자기 키라의 등 뒤에서 칼을 빼들고 소리를 지르며 달려드는 자가 있었다. 칙사향응역인 아사노 나가노리였다.

깜짝놀라 뒤를 돌아보던 키라는 이마를 스치며 내려친 칼날의 위세에 뒤로 자빠지고 말았다. 일격필살에 실패한 아사노가 재차 칼을 내려치려는 순간, 힘이 장사인 가지가와가 아사노의 등 뒤로부터 겨드랑이 밑으로 양팔을 넣어 꼼짝못하게 하였다.

가지가와의 유명한 대사인 "덴츄(殿中)데 고자루조. 오시즈마리 나사레"(쇼군의 거처입니다. 진정하시오)가 나오는 대목이 바로 여기다. 덴츄(쇼군의 거처인 에도성)에서 있을 수 없는 일이 벌어진 것이다.

'아사노의 칼부림 사건'을 알게 된 도쿠가와 막부 제5대 쇼군 츠나요시(綱吉)는 격노하여 가혹한 처분을 내렸다. 칙사향응역이라는 중대한 임무를 저버린 채 때와 장소를 가리지 못하고 칼을 뽑아든 아사노에게 즉시 셋뿌꾸를 명했으며, 피해 당사자인 키라에게는 아무 문책도 없었다.

그날 저녁 6시 경 아사노 나가노리는 3만 석의 다이묘 다무라 다테아키(田村建顯)의 저택에서 셋뿌꾸를 하여 35세의 짧은 생애를 마친다. 또한 5만 3천 석의 아코오번(赤穗藩)은 번주인 아사노를 마지막으로 해체되고 말았다. 300여 명의 가신들이 졸지에 실업자가 된 것이다.

그렇지만 '충신장(츄신구라) 이야기'는 여기서 끝난 것이 아니다. 제2부인 '복수편'이 이어지는 것이다.

아코오 낭인 46인의 키라 저택 습격사건

　아코오번의 가로(家老: 가신 중의 우두머리) 오이시 구라노스케 요시다카(大石內藏助良雄)가 중심이 되어 아사노 나가노리의 동생 아사노 다이가쿠 나가히로(淺野大學長廣)에게 아사노가를 잇게 하려는 운동을 했다.

　그러나 이것이 막부로부터 받아들여지지 않아 주가부흥(主家復興)의 희망이 사라지자 오이시는 동지를 모아 주군의 복수를 하기로 결의한다.

　아사노가 에도성 내에서 칼부림을 하고 할복한지 1년 10개월이 지난 1702년 12월 15일 새벽 4시 경, 오이시를 비롯한 46인(보통 47인으로 알려져 있으나 실제는 46인)의 완전무장을 한 무사들이 키라의 저택을 습격하여 두 시간만에 키라의 목을 얻어 소기의 목적을 달성하였다.

▲ 오이시(大石)신사

▲ 키라의 목을 씻었다는 우물

키라를 비롯해 키라측의 피해는 사망자 21명, 부상자 13명인데 비해, 쳐들어간 오이시측은 사망자없이 가벼운 부상자 4명에 불과하였다. 결과만 보더라도 이는 '사무라이(무사)의 싸움' 이라기보다는 '불법 야간 주거침입 살육전' 이었다. 키라측에서는 아사노가의 가신들이 습격해 오리라고는 전혀 생각지도 못했음을 알 수 있다.

이듬해인 1703년 2월 4일, 오이시를 비롯한 46인의 무사들은 격식에 따라 전원 셋뿌꾸로 생을 마쳤다.

도쿠가와 이에야스 이래 백 년 가까이 평화가 계속된 시대에 갑자기 40여 명의 무사들이 단결하여 주군의 원수를 갚는다는 희대의 사건이 일어난 것이다.

물론 260년 에도시대 전체를 통해서도 개인적인 복수극은 여러 번 있었지만 이러한 집단적인 복수극은 없었다. 더구나 주군을 위한 복수극은 이것이 유일한 것이었다.

아사노 가 VS 키라 가

아사노 나가노리의 고조부 아사노 나가마사(淺野長政)는 조선침략의 원흉 토요토미 히데요시와 동서지간이었다. 나가마사의 장남이 임진왜란시 '울산 농성작전'으로 유명한 아사노 유키나가(淺野幸長)이며, 아키(安藝: 지금의 히로시마현)를 영지로 한 42만 6천 석의 본가이다. 나가마사의 셋째 아들이 아사노 나가시게(淺野長重)이며, 아들인 아사노 나가나오(淺野長直) 대에 아코오의 성주가 되었다.

나가나오의 아들 나가토모(長友)가 34세의 젊은 나이로 죽자, 9세

▲ 키라 요시히사의 저택 자리임을 알리는 비석. 조그만 사당도 남아 있다.

의 어린 나이로 아코오 성주가 된 것이 바로 아사노 나가노리인 것이다. 나가노리는 17세인 1683년에 처음으로 칙사향응역을 맡아 대과없이 임무를 수행하였다. 이 때의 지도를 맡은 것도 키라 요시히사였다.

키라가의 선조는 세이와 겐지(淸和源氏)의 혈통을 잇는 아시카가 다카우지(足利尊氏)로 무로마치 막부(室町幕府) 시대에는 대단한 위세를 가진 명문이었으나, 아시카가 시대(足利時代) 말기부터 전국시대에 걸쳐 가문이 기울었다.

그러나 키라 요시히사의 증조부 키라 요시사다(吉良義定)의 모친이 도쿠가와 이에야스의 대고모인 관계로 가문이 다시 일어서게 되었다. 2대 쇼군 히데다다(秀忠) 때에 요시히사의 조부 요시미츠(義彌)가 고케로 지정되어 4천 2백 석의 봉록을 받게 된 것이다. 비록 봉록은 하타모토(旗本: 에도시대에 쇼군가에 직속된 무사로서, 직접 쇼군을 만날 자격이 있는, 봉록 1만 석 미만 500 석 이상의 자)급이지만 관위(官位)가 종4위로 20만 석 이상의 다이묘와 맞먹을 정도이다.

아코오번의 백성들은 아사노가의 폐문 소식을 듣자 떡을 찧으면서 즐거워했다는 기록도 남아 있다. 과도한 연공징수(年貢徵收)로 백성들의 생활이 어려웠기 때문이다.

이에 반해 키라 요시히사는 이웃한 니시오번(西尾藩)에서 일어난 홍수 때문에 고생하는 백성들을 위하여 자비를 들여 제방(黃金堤)을 쌓고 해안을 간척하여 농토개발 및 제염업을 이르키는 등 동정심 많은 영주요 명군으로 칭송이 자자했다.

부부생활에 있어서도 대조적이다. 당시의 일본에서는 위로는 쇼군으로부터 밑으로는 상인에 이르기까지 성생활에 있어 남색(男色: 호모, 게이)이 판을 치는 사회였다. 3대 쇼군 이에미츠(家光)는 너무나 남색을 밝혀 30대 중반까지 여자에 흥미를 느끼지 못했을 정도였다.

아사노 나가노리 역시 요젠인(瑤泉院)이라고 하는 재색을 겸비한 본처가 있음에도 불구하고 35세의 나이에 셋뿌꾸로 죽을 때까지 아이가 생기지 않은 것은 남색을 너무 즐겼기 때문이라고도 한다. 46명의 아코오 낭인 중에서 가타오카 겐고에몬(片岡源五右衛門)과 이소가이 쥬로자에몬(磯貝十郎左衛門)이 아사노의 '남색 파트너'였다고 한다.

반면 키라 요시히사는 2남 4녀의 자녀가 모두 본부인인 도미코(富子) 소생이다. 부유한 상인조차도 첩을 두는 것이 당연한 시대에 첩의 소생 없이 본처와의 사이에서만 6남매를 두었다는 것은 부부의 금슬도 좋고 건전한 성생활을 했음을 알 수 있다.

아사노의 칼부림의 원인

봉록 5만 3천 석의 다이묘 아사노 나가노리가 가문이 단절되고 자기 자신도 극형(할복)에 처해질 줄 뻔히 알면서도 에도성 내에서 칼부림을 하지 않을 수 없었던 이유는 무엇이었을까? 칼부림을 한 장본인인 아사노 자신이 '사적인 원한'이라고 하였으므로 키라 요시히사에 대한 원한임은 틀림없으나, 그 원한의 내용이 무엇인지는 확실치 않다.

아사노의 유언에서도 "이 일(아마 칼부림에 이르게 된 원한?)은 전부터 알려 두었어야 하는데, 오늘 (칼부림을 하게 된 것은) 어쩔 수 없었으므로 알리지 않았다. 이상하게 생각될 것이다"라고만 되어 있고, 그 원한이 무엇인지 하는 구체적인 내용이 빠져있어 후세에 여러가지 원인설(原因說)이 나오게 되었다. 가장 대표적이고 중요한 설 네 개만 살펴보기로 한다.

뇌물 관련설

영화나 TV 드라마, 또는 가부키 등을 통해 일반적으로 알려져 있는 원인설이 뇌물설이다. 아사노가 키라에게 뇌물을 충분히 주지 않았기 때문에 키라가 아사노에게 자세한 칙사 접대 방식을 가르쳐주지 않았거나, 아니면 일부러 틀리게 가르쳐주거나 해서 아사노를 바보로 만드는 '이지메'를 했다는 것이다.

에도 막부의 기록인 『도쿠가와 실기(德川實記)』에도 "세상에 전하는 바에 의하면…"하는 전제를 하고 아사노와 키라의 갈등을 다루고 있다. 그러나 이 책 자체도 상당히 세월이 흐른 막부 말기에 기록된 것이기 때문에 그다지 신빙성은 없다.

그리고 겐로쿠 시대의 뇌물이란 요즈음의 뇌물과는 의미가 달랐다. 당시의 뇌물이란 법률상으로 금지되어 있는 것이 아닌, 단순히 경의와 호의를 표시하기 위한 공공연한 불문율적 '관습뇌물(慣習賂

物’이었던 것이다. 그러므로 칙사향응역의 지도를 맡고 있는 키라에게 지도료 명목으로 사례를 하는 것은 매년 전례도 있고 관습처럼 되었었다.

그러나 ‘뇌물설’은 일반대중이 이해하기 쉬운 선악의 흑백논리이기 때문에 키라가 뇌물을 많이 주지 않는다고 상대방을 괴롭히는 못된 악역의 이미지를 300년이 지난 오늘날까지도 정착시키게 된 것이다.

소금 원인설

키라가는 가마쿠라 시대부터의 명문으로 미카와(三河 : 지금의 아이치현) 키라쵸(吉良町)를 영지로 하고 있었다. 키라쵸는 삼각주에 있는 토지라 강의 범람 때문에 쌀의 수확만으로는 생활하기 어려워 해안에 염전을 만들어 염부법(鹽釜法 : 큰 가마를 이용해 바닷물을 끓여 소금을 만드는 제법)으로 소금을 만들어 팔았다.

한편 아사노가는 원래 히다치(常陸 : 지금의 이바라기현) 가사마(笠間)가 영지였으나 막부의 명령으로 아코오로 영지가 바뀌었다. 내륙지방이던 가사마에서 해안지방인 아코오로 갑자기 옮기게 된 아사노가는 키라가로부터 염부법을 배우게 되었으며, 이로 인해 소금 생산량도 늘게 되었다. 아사노 나가노리와 키라 요시히사의 선대(先代) 때의 일이다.

아코오번에서는 생산량이 늘어나는데 비해 기존 판매처인 사카이(堺), 오사카, 교토에서의 판매가 부진하자 에도에 신규 판로를 개척하고자 하였다. 그러나 당시 에도는 키라가의 소금이 시장을 독점하고 있는 상황이었다. 아코오측에서는 머리를 써서 쇼군 츠나요시(綱吉)에게 소금을 헌상하여 양치질용으로 사용하게 하였다. 쇼군이 사용하는 소금이라는 선전효과 덕분에 '아코오 소금'은 매출이 급신장하고, 반대로 키라가는 졸지에 경영위기에 빠지게 되었다.

키라가의 입장에서는 염부법을 가르쳐준 은혜를 원수로 받게 되는 부메랑 효과가 된 것이다. 이리하여 아사노와 키라의 불화가 시작되고, '아코오 소금' 판매에 대한 키라의 방해 등으로 아사노가 원한을 품게 되어 에도성 안에서의 칼부림 사건이 일어나게 된 것이라고 한다.

남색 갈등설

당시의 일본에서는 남색이 한창 유행하고 있었다. 키라가 아사노의 치고(稚兒 : 호모 상대용 소년)에 눈독을 들여 제발 양보해 달라고 부탁을 했으나 아사노가 쌀쌀맞게 거절을 했었다. 그러나 다른 곳으로부터 같은 부탁을 받은 아사노가 군소리 없이 그 아이를 보내어 키라가 불같이 화를 내었다는 것이다.

그렇다면 원한은 키라 쪽에 있는 것이고, 이 때문에 키라가 아사노를 이지메했다면 아사노의 자업자득이기도 한데, 그 정도로 아사노가 쇼군의 거처인 에도성 내에서 칼부림을 했을 이유는 안될 것 같다.

아사노의 광기설

아사노의 성격 자체에 문제가 있었다는 설이다. 아사노는 원래가 성질이 급하고, 남색의 상대를 하고 있던 부하 이외에는 그다지 인망이 없었다고 한다. 또한 평소에 편두통이 심하여 칼부림 사건 당일 아침에도 의사가 조제해 준 약을 복용하였으나, 자제심을 잃고 흥분하여 칼부림을 하게 되었다고 한다.

그리고 또 중요한 광기설 요인 중의 하나가 유전적인 문제이다. 아사노의 모친은 시마국(志摩 : 지금의 미에현) 도바 성주(鳥羽城主) 나이토 다다마사(內藤忠政)의 딸이다.

그런데 아사노 모친의 남동생, 즉 아사노의 외삼촌인 나이토 다다카츠(內藤忠勝)가 1680년 4대 쇼군 이에츠나(家綱)의 장례식을 하던 에도의 조죠지(增上寺)에서 당고(丹後 : 교토부 북부지방) 미야즈 성주(宮津城主) 나가이 나오나가(永井尚長)를 칼로 찔러 죽여서, 다음날 셋뿌꾸한 일이 있었다.

무슨 원한이나 다툼이 있었던 것도 아니고, 아무 이유없이 순식간에 발작적으로 일어난 칼부림인 점이 아사노의 케이스와 심리적으로나 행동면에서 유사하다. 아마 아사노의 '모계 유전자' 속에 정신병적인 광기의 인자가 있었을 가능성이 높다.

이상으로 뇌물관련설, 소금원인설, 남색갈등설, 아사노의 광기설 등을 살펴보았지만, 가장 가능성이 있는 것은 소금원인설과 광기설이다. 지금까지 일반적으로 알려져 온 뇌물설은 어디까지나 가부키와 야담가들이 민중의 흥미 본위에 영합하기 위하여 만들어낸 근거 없는 주장일 뿐이다.

가나데혼 츄신구라의 성립과 시대배경

오이시 요시다카(大石良雄)를 비롯한 46명의 아코오 낭인들이 키라의 저택을 습격하여 키라의 목을 취한 것이 1702년 12월 15일. 이듬해인 1703년 2월 4일에는 46명 전원 셋뿌꾸, 2월 6일에는 15세 이상의 유아(遺兒) 19명을 유형(流刑)에 처해 일단 '아코오 사건'은 일단락되었다.

에도시대 260년간에 가이에키(改易 : 에도시대 무사에게 과한 벌로 영지, 가록, 저택 등을 몰수함)의 처벌을 받은 다이묘가 200가(家)에 달하지만 '주군을 위해서'라든지 '가문을 위해서'라든지 하는 명분으로 무력행사나 보복을 한 사례는 '아코오 사건'이 유일하다.

그렇기 때문에 이제까지 듣도 보도 못한 전대미문의 사건인 만큼 죠루리(淨瑠璃 : 인형극의 일종)나 가부키의 작가들, 흥미와 오락을 원하는 일반대중, 특히 가부키 등 대중문화가 절정을 이룬 겐로쿠시대의 민중이 이러한 극적인 사건을 극화하지 않고 가만 놔둘 리가 없었다.

아코오 낭인 46명 전원이 셋뿌꾸로 유명을 달리한지 12일밖에 지나지 않은 1703년 2월 16일에, 벌써 에도의 야마무라자(山村座) 등에서는 '아코오 사건'을 암시적으로 다룬 <아케보노 소가노 요우치

(曙曾我夜討)>라는 연극이 상연되었다. 표면상으로는 소가(曾我) 형제의 복수극으로 되어 있으나, '아코오 사건'을 반영한 것이 틀림없었다. 결국 막부의 간섭으로 3일만에 상연이 중지되었다.

그 후 3년이 지난 1706년, 유명한 각본가인 치카마츠 몬자에몬(近松門左衛門)이 '아코오 사건'을 <고방 타이헤이키(碁盤太平記)>라는 제목의 죠루리로 만들어 오사카의 다케모토자(竹本座)에서 상연했다.

그러나 무엇보다도 1748년 8월, 같은 오사카의 다케모토자에서 초연된 <가나데혼 츄신구라>가 '충신장(츄신구라)'의 결정판이 되었으며, 이후 250여 년간 불황을 모르는 톱의 자리를 차지했다. 이 작품은 다케다 이즈모(竹田出雲), 미요시 쇼라쿠(三好松洛), 나미키 센류(並木千柳) 3인의 공동작품이다.

당초 <가나데혼 츄신구라>는 꼭두각시 인형극이었으나 대박을 터뜨리게 되자 즉각 가부키로 만들어 상연을 하게 되었고, 가부키 역시 대박이 나자 이후에는 가부키 중심으로 상연되고, 유사 충신장 연극은 자취를 감추게 되었다.

특히 이 작품은 아코오 낭인 47명의 키라 저택 습격으로부터 47년째에 가부키의 초연을 한다거나, 가부키의 막이 천천히 올라갈 때 47번의 딱딱이(拍子木)를 친다거나 하는 등, 47 낭인의 이미지를 최대한 살린 연출효과도 대단하였다.

가부키의 제목인 <가나데혼 츄신구라>에서 '가나'는 일본의 문자인 가나(假名)에서 따왔으며, 또한 당시의 막부를 조심해서 시대

▲ 오이시 구라노스케 상
(손에 들고 있는것이 진다이코)

배경을 가마쿠라 시대로 하고, 실명을 모두 감추고 가명으로 했다는 이중의 의미가 있다.

'충신장(츄신구라)'이라는 말도 주군의 복수를 위해 목숨을 바치는 아코오 낭인을 충신에 비유하고, '곳간 장(藏)'이란 말을 써서 '모임' '단체'란 의미와 리더인 오이시 구라노스케 요시다카(大石內藏助良雄)의 이름에서 '藏'을 의미하는 이중의 의미를 담고 있다.

물론 당시의 위정자인 막부 정권으로서도 노골적인 막부 비판을 하지 않는 이상 주군의 원수를 갚기 위해 죽음을 두려워하지 않고 충성을 다하는 아코오 낭인의 이야기를 규제하기보다는 은근히 조장하기까지 하였다. 이후 <가나데혼 츄신구라>는 가부키의 많은 작품 중에서도 가장 유명한 작품이 되어, 일본인의 잠재의식 속에 무의식적으로 '충군사상'을 고취시키는데 한 몫을 하였다.

메이지 원년(1868) 천황 선지(宣旨 : 천황의 말을 하부에 전하는 문서)로써 '오이시 등 아코오 낭사는 충신의 귀감'이라고 칭송함으로

써 본격적인 추모행사도 행하여지게 되었다.

20세기에 들어와서는 충신장을 다룬 영화가 만들어지기 시작하여, 1912년 한 해에만도 9편의 관련 영화가 만들어졌을 정도이다. 영화뿐만 아니라 충신장 이야기를 다룬 수많은 소설이 쓰여지고, 텔레비전이 나온 이후에는 안방극장 드라마에서도 빼놓을 수 없는 단골 메뉴가 되기도 하였다. 그러므로 매년 연말이 되면 반드시 어느 채널 하나에서는 충신장을 즐길 수 있다.

가나데혼 츄신구라에 의한 날조

<가나데혼 츄신구라>가 도쿠가와 막부의 입장을 고려하여 연극의 무대를 가마쿠라 시대를 배경으로 한 것은 이해할 수 있는 일이다. 그러나 그 연극의 내용에 있어서 역사적 사실과는 관계없이 일방적으로 아사노를 선(善), 키라를 악(惡)으로 규정하여 놓고, 연극의 흥행만을 고려하여 거의 모든 내용을 날조해 낸 것은 큰 문제라고 할 수 있다.

대중(일부 역사학자들까지도)은 이러한 <가나데혼 츄신구라>에 입각한 '충신장'의 내용이 사실이라고 자기도 모르게 세뇌되었다. 사실에서는 전적으로 피해자인 키라가 300년이 넘게 천하의 악당이 되어버렸으니, 방송(매스컴)의 힘은 예나 지금이나 막강함을 알 수 있다.

우선 아사노가 키라에게 에도성 안에서 칼부림을 하게 되는 동기도 단순히 뇌물문제만으로는 약하다고 생각했는지, 키라가 아사노의 부인을 연모(戀慕)하여 넘보는 내용을 덧붙였다. 물론 실제 그런 일은 없었다. 두 사람이 실제로 얼굴을 마주칠 기회조차 없었으니까.

그리고 흔히 '아사노의 칼부림'이 일어난 곳이 에도성 마츠노 로카(松ノ廊下)로 알려져 있으나, 실제로는 '백서원(白書院)의 대낭하(大廊下)'였다. 이곳은 단순히 벽이 하얀색일 뿐이라, 가부키 등 연극의 배경으로는 좋지 않아 벽에 소나무 그림이 있는 마츠노 로카로 바꾸어 버린 것이다.

겐로쿠 시대의 무가사회는 거의 고정되어 있어서 영주를 바꾼다는 일은 대단히 어려웠다. 그러므로 영주 가문이 단절되어 소속된 번이 없어지게 되면 졸지에 실업무사(失業武士 : 낭인)가 되는 것이다.

그러므로 주가(主家)를 부흥시키지 않으면 안되는 필두 가로 오이시의 입장에서 주가부흥의 가능성이 완전히 사라지자, 재취업에 실패한 낭인들을 모아 '키라 습격사건'을 일으키게 된 것이다. 물론 일부 낭인 중에는 주군에의 충성을 다하기 위한 자도 있었겠지만, 대부분은 결코 주군의 복수만을 위해 가담한 것은 아니었다.

그리고 키라의 저택에 아코오측의 스파이가 잠입해 있었다거나, 오이시가 교토의 야마시나(山科)에 은거하면서 적(키라 측)의 눈을 속이기 위해 기온(祇園 : 교토에서 유곽으로 유명한 곳)의 이치리키쟈야(一力茶屋)를 뻔질나게 드나들었다는 것도 모두 거짓이다. 당시에는 이치리키쟈야라는 유곽이 없었다.

원래 오이시라는 인간 자체가 술과 여자를 좋아하는 방탕한 인간이었다. 그는 당시 교토의 유명한 가부키 배우인 세가와 다케노죠(瀬川竹之丞)의 호모 상대이기도 하였다. 그야말로 오이시는 섹스 파트너로 남자 여자를 가리지 않는 전천후 폭격기같은 대단한 취미를 갖고 있었다. 물론 3대 쇼군 이에미츠나 5대 쇼군 츠나요시도 모두 '호모 쇼군(男色將軍)'이었으니 오이시만 비난할 일도 아니지만.

이러한 오이시가 아코오성(赤穗城) 인수인계시(1701년 4월 19일)부터 복수를 계획하여 1년 반 동안이나 '키라 저택 습격'을 위하여 온갖 고초를 겪는다는 이야기도 사실이 아니다. 오이시는 '사건' 3개월 전까지 습격은 생각지도 않고 있었다. 아사노 나가노리의 동생인 아사노 다이가쿠 나가히로를 후계자로 아코오번을 부흥하기 위해 맡고 있던 운동자금 1만 냥을 소비하는데 급급했던 것이다.

1702년 12월 14일 저녁(정확히는 15일 새벽), 키라 요시히사의 저택을 습격하는 날, 거사의 성공을 기원하는듯 하얀 눈이 내리는 밤, 47명 전원의 인원 확인 후 오이시가 진다이코(陣太鼓 : 진중에서 진퇴의 신호로 치던 북)를 울리며 돌입했다고 하는 것도 모두 <가나데혼 츄신구라>의 창작이다. 그 날 에도에는 눈도 내리지 않았고, 진다이코도 없었다.

또한 실제로 습격 작전에 참가한 인원은 46명인데도 이로하(伊呂波) 47자(히라가나 47자를 중복하지 않고 의미있게 배열한 글자)에 대응시키기 위해 참가하지도 않은 데라사카 기치에몬(寺坂吉右衛門)을 집어 넣어 47명으로 만들었다. 그러므로 도쿄의 센카쿠지에 가보면 데라사카의 묘가 두 개이며, 전부 48개의 묘가 있다.

쇼군 츠나요시와 생류연민령(生類憐愍令)

제5대 쇼군 도쿠가와 츠나요시는 3대 쇼군 이에미츠와 교토 야채 상인의 딸 게이쇼인(桂昌院) 사이에서 1646년에 태어났다. 츠나요시는 1680년부터 1709년까지 거의 30년간 막부를 통치했다. 1688년부터 1703년까지의 연호가 겐로쿠이므로, 보통 츠나요시의 통치기간을 '겐로쿠 시대'라고 한다.

츠나요시는 1683년에 대를 이을 아들을 잃은 후 더 이상 아들을 얻을 수 없었다. 마침 모친 게이쇼인의 정부(情夫)이기도 한 지족원(知足院)의 승려 류코(隆光)가 "쇼군에게 아이가 없는 것은 전생에 살생을 많이 한 업보이니 아이를 얻으려면 살생을 금해야 한다. 또한 쇼군은 개띠이므로 특히 개를 소중히 해야 한다"고 하자 이를 믿고 1687년 '생류연민령'을 발포하였다.

'생류연민령'은 세계 역사상으로도 유례가 없는 악법으로 일반 백성의 생활에 심각한 영향을 끼치고, 웃지 못할 비극이 셀 수 없을 정도로 많다. 이런 일도 있었다.

어느날 츠나요시가 외출중 하늘을 날던 까마귀가 츠나요시의 머리 위에 배설물을 쌌다. 당연히 화가 난 츠나요시는 당장 버르장머리없고 무엄한(?) 까마귀를 잡아들이게 하였다.

그러나 '생류연민령'을 몸소 실천하지 않을 수 없었던 츠나요시는, 대죄를 지은 까마귀를 원래는 사형감이나 1등급 감형해서 이즈(伊豆 : 지금의 시즈오카현 동남부) 니이지마(新島)로 유배키로 하였다. 형 집행 담당관리가 새장에 넣은 까마귀를 니이지마까지 호송한 후 도착하여 새장에서 놓아주니, 중죄인 아니 중죄조(重罪鳥)인 까마귀는 조금도 쉬지 않고 곧장 에도쪽으로 날아가고 말았다는 거짓말같은 사실도 있다.

그밖의 사례도 몇 개 들어보자. 중병의 우마(牛馬)를 아직 죽기 전에 버리는 자는 엄벌에 처한다. 개를 칼로 벤 하타모토는 섬으로 유배, 그 주인은 가이에키(改易). 개싸움을 구경하고 있던 무사가 한 쪽 개가 죽자 폐문.(구경하지 말고 물을 뿌려서라도 싸움을 말려야 함) 들개를 죽여 마루 밑에 묻은 목수와 도랑에 빠진 강아지를 구한 뒤 신고하기 귀찮아 남의 집에 놓아둔 행상인 모두 감옥행. 병든 아들의 약용으로 쓰려고 제비를 잡은 사무라이는 참수형. 조총으로 짐승을 잡아 판매한 사무라이 11명 모두 셋뿌꾸. 사람의 목숨이 개나 말, 새, 짐승보다 못한 것이다.

모든 동물 중에서도 특히 개를 귀히 여겼다. 떠돌이개를 보호하기 위해 털 색깔, 크기, 성별을 기록한 견적부(犬籍簿 : 개 호적)를 작성하고, 에도의 오쿠보(大久保)에 2만 평, 나카노(中野)에 10만 평의 '견공 주택단지'를 조성하여 개를 사육하였다. 그래서 쇼군 츠나요시를 일명 '이누쿠보(犬公方: 개 쇼군의 의미)'라고도 한다.

츠나요시의 잘못된 판단

이러한 쇼군 츠나요시가 아사노 나가노리의 칼부림 사건을 전해 듣고 불같이 화를 내는 것은 당연한 일. 츠나요시는 막부의 중신들이나 평정소(評定所: 에도 막부의 최고 재판소)를 제쳐두고 단독으로 즉흥적인 결정을 내려 아사노는 당일 셋뿌꾸, 아사노 가의 영지 몰수 및 가문단절이라는 최악의 결과를 낳았다. 반면 키라에 대해서는 아무 처벌도 없었다.

사실 아사노의 칼부림 사건에 대한 츠나요시의 처벌은 지나치게 가혹했다. 아사노의 셋뿌꾸는 당연한 일이지만, 아사노가의 단절까지는 너무 지나친 처사라고 할 수 있다. 그렇다면 아사노의 가신들은 키라에게 복수를 할 것이 아니라 타당하지 못한 처벌을 내린 쇼군 츠나요시에게 복수를 했어야만 하지 않을까?

한편 아코오 낭인들의 '키라 저택 습격사건'에 대한 츠나요시의 대응은 이전(아사노의 칼부림사건)과는 전혀 딴판이었다. 즉 사건발생후 처분결정에 소요된 시간이 '칼부림 사건'의 경우에는 '아사노의 칼부림'(오전 11시)부터 '아사노의 셋뿌꾸'(오후 6시)까지 7시간만에 종료되었는데 반해 '키라 저택 습격사건'(1702년 12월 15일 오전 4~6시)으로부터 '아코오 낭인 46명의 셋뿌꾸'(1703년 2월 4일)까지는 50일 정도 소요되었다.

또한 이 때에 츠나요시는 자기의 의견을 독단적으로 주장하지 않고 평정소에 의견을 자문한다거나 학자나 황족의 의견을 구하기도 하였다. 처음에 츠나요시는 주군을 위해 충의를 다한 46명의 아코오 낭인을 살려주고 싶은 마음이 있었던 것 같다.

그러나 그렇게 되면 '칼부림 사건'에 대한 자신의 처벌이 잘못되었음을 인정하는 것이 되므로, 결국 무사로서의 자존심과 체면을 살려준다는 구실 하에 참수형이 아닌 셋뿌꾸를 택하게 되었다.

한편 '아닌 밤중에 홍두깨' 격으로 한밤중에 중무장한 낭인들의 난입으로 주인(키라)은 물론 많은 인명이 살상된, 아무 죄도 없는 순수 피해자인 키라가에 대해서는 가문단절이라는 엄벌을 내렸다.

습격사건 당일 비록 주인인 키라는 죽었지만 양자(실제는 손자)인 키라 요시치카(吉良義周)는 부상을 입은 채 도망하여 목숨을 건졌다. 이러한 대응이 무사의 행동으로서 적절치 못했다는 명목으로 키라가는 단절이 되고, 요시치카는 시나노(信濃 : 지금의 나가노현) 다카시마번(高島藩)으로 유배되었으나 21세의 젊은 나이로 병사하고 말았다.

충신장(아코오 사건)의 의문점

'아코오 사건'은 46명의 낭인 전원의 셋뿌꾸로 일단 끝이 났지만, 그들은 이윽고 의사(義士)로 불리우며 <가나데혼 츄신구라> 등에 의해 미화되어 오늘날까지 국민적 영웅으로 대접받게 되었다.

사건 이후 아코오 낭인들도 자신들이 설마 셋뿌꾸로 죽을 것이라는 생각은 안했던 것 같다. 왜냐하면 습격사건 후 셋뿌꾸를 할 때까

▲ 센카쿠지에 있는 아코오 낭인의 묘   ▲ 키라가의 가신 공양비

지 50여 일의 시간이 있었는데도 그에 대한 준비가 전혀 되어 있지
않아, 막상 셋뿌꾸를 할 때 하는 법을 몰라 허둥대는 자도 있었던 것
이다. 아마 그들은 살아서 영웅이 될 것으로 기대하지 않았을까?

또한 오이시 요시다카를 비롯한 아코오 낭인들이 속속 에도로 들
어와 키라 습격 계획을 진행하고 있었음에도 불구하고, 막부나 마치
부교(町奉行 : 에도시대 행정·사법·소방·경찰 따위의 직무를 보
는 관직명) 등이 아무런 경계를 하지 않았다는 점도 이상하다. 막부
당국이 아무래도 거동이 수상한 낭인들의 움직임을 몰랐을 리가 없
는 것이다.

오이시가 아코오의 카가쿠지(花岳寺 : 아사노가와 오이시 가 및
47낭인의 묘지)에 보낸 편지에도, "우리가 에도에 들어온 일로 세간

▲ 카가쿠지

에 소문이 분분하니, 로쥬(老中 : 에도 막부에서 쇼군에 직속하여 정
무를 총찰하고 다이묘를 감독하던 직책)의 귀에도 들어갔을 터인데,
당국으로부터 아무런 간섭이 없다. 거사할 때까지 그대로 풀어둘 심
산인 것 같다"고 되어 있다.

또한 키라의 저택 부근에 살던 하치스카 히다노가미(蜂須賀飛驒
守) 저택으로부터 로쥬에게 키라 저택에 '아코오 낭인'이 쳐들어 왔
을 경우의 대응에 대해 문의를 했으나 로쥬는 다만 "걱정하지 마
라" 즉 되어가는 대로 내버려두라는 답변을 했다고 한다.

막부는 '아코오 낭인'의 목적을 알면서도 짐짓 모르는체 놔두었
다는 이야기가 된다. 막부로서는 세간에 '아사노의 칼부림 사건'에
서의 막부의 처벌에 대한 비판이 있었고, 또한 '아코오 낭인'의 복수
극을 기대하는 소리도 있음을 감안하여 알면서도 모르는체 했을 가
능성이 높다.

4

과대포장된 검성 미야모토 무사시

미야모토 무사시의 생애

일본 역사에서 가장 유명한 검객은 미야모토 무사시(宮本武藏)다. 미야모토 무사시의 저작으로 알려진 『오륜서(五輪書)』에 의하면, 무사시는 1584년생으로 지금으로부터 420여년 전의 인물이다.

무사시의 출생지는 확실하지 않다. 워낙 유명한 인물이라 미야모토 무사시의 출생지라고 주장하는 곳이 여럿 있다. 그러나, 현재로서는 오카야마현(岡山縣) 오하라쵸(大原町), 효고현(兵庫縣) 타이시쵸(太子町)와 가코가와시(加古川市)가 유력하나 결정적인 증거는 없다.

16세 경에 고향을 떠나 수행의 길에 들어선 무사시는 1600년의 '세키가하라 전투'에 참가했다고 하나 확실한 근거는 없다. '세키가

하라 전투'로부터 4년이 지난 1604년에 교토에 나타난 무사시는 검술의 명문 요시오카 일문의 당주(當主) 요시오카 세이쥬로(吉岡淸十郎)와 그의 동생 덴시치로(傳七郎)와의 시합에서 승리를 거두었다고 한다. 이어서 세이쥬로의 아들 마타시치로(又七郎)마저 쓰러뜨려, 아시카가 막부(足利幕府)의 쇼군 사범(將軍師範)을 지낸 요시오카 일문을 초토화시키며 이름을 날렸다.

무사시는 계속해서 나라(奈良)의 호조인(寶藏院) 창술(槍術), 이가(伊賀)의 쿠사리가마(鎖鎌) 달인 시시도(宍戶)를 격파하고, 스스로의 검술 유파 엔메이류(圓明流)를 창시하였다.

그리고 1612년 4월 13일, 마침내 미야모토 무사시의 최대 숙적 사사키 고지로(佐佐木小次郎)와의 전설적인 '간류지마(巖流島)의 결투'가 벌어진다. '간류지마의 결투'에서 무사시는 일부러 약속시간보다 늦게 나타나 고지로를 초조하게 만들어 심리적 우위를 점하였다. 여기에서 무사시는 고지로의 트레이드 마크인 1미터 50센티의 장검 모노호시자오(物干竿)에 맞서 배의 노를 깎아 만든 목도로 이겼다고 한다. 무사시와 마찬가지로 이제까지 한번도 패한 적이 없던 고지로는 무사시의 일격에 최초의 패배이자 마지막 패배로 최후를 맞이한 것이다.

그런데 무사시는 '간류지마의 결투' 이후 다른 유파와의 검술시합은 일체 하지 않는다. 요시가와 에이지(吉川英治)의 소설 『미야모토 무사시』의 마지막 장면이 '간류지마의 결투'인 것도 그 때문이다.

무사시는 1614년의 '오사카 후유노진'(大阪冬之陣: 도쿠가와 이에야스가 도요토미의 본거지인 오사카성을 공격한 일), 1615년의 '오사카 나츠노진'(大阪夏之陣: 오사카성의 2차 공격으로 토요토미가 완전 멸망) 전투에 참가한 것으로 알려지나 도쿠가와 편이었는지, 도요토미 편이었는지는 확실치 않다.

오사카의 전투 이후 무사시는 각지를 돌아다니는데, 에도에서는 도장을 열기도 했다고 한다. 나중에 무사시의 양자가 되는 이오리(伊織)를 만나게 된 것이 이 때라고 한다.

이오리는 '간류지마의 결투'가 벌어진 1612년, 반슈(播州: 지금의 효고현 서남쪽) 수호직(守護職) 아카마츠가(赤松家)로부터 갈라져나온 다와라가(田原家)에서 태어났다. 그는 후에 오가사하라가(小笠原家)의 가로(家老)로까지 출세하게 된다. 무사시의 입장에서는 양자 이오리의 출세가 기쁘면서도 한편으로는 착잡한 기분도 들었을 것이다.

1637년, 큐슈의 시마바라(島原)에서 아마쿠사 시로(天草四郎)가 주도한 농민과 기독교도에 의한 반란이 일어났다. '시마바라의 난'이다. 마침 큐슈의 고쿠라(小倉)에 있던 무사시도 진압군에 참가했으나 별다른 전과를 못 올리고 다리 부상만 입고 말았다.

1640년, 무사시는 병법을 좋아하고 무(武)를 숭상하는 인물인 구마모토 번주 호소가와 다다도시(細川忠利)의 초청을 받았다. 이듬해 무사시는 평생 동안 닦아온 병법 니텐이치류(二天一流)의 진수를 기록한 『병법 35개조』를 다다도시에게 바쳤다.

▲ 미야모토(宮本)가(家)의 묘지

　무사시는 일개 검객으로서가 아닌, 자신의 병법 수행을 통해 얻을 수 있는 정치·경제적 이상을 다다도시를 통해 만인이 도움을 받을 수 있도록 실천해 보려고 했을지도 모른다.

　그러나 믿었던 다다도시가 불행하게도 54세의 젊은 나이로 갑자기 죽어버렸다. 실의에 빠진 무사시는 모든 세속적인 야심을 버리고 구마모토 교외의 금봉산(金峰山) 영암동(靈巖洞)으로 은둔생활에 들어가, 좌선 및 창작활동에 몰두하였다.

　1643년 10월부터 무사시는 『오륜서』의 집필에 들어가 2년 후인 1645년 4월에 마쳤다. 그리고는 『오륜서』를 탈고한지 1개월 후인

1645년 5월 19일, 수 명의 제자들이 지켜보는 가운데 61세의 나이로 숨을 거두었다고 한다.

　이상이 개략적으로 살펴 본 검성 미야모토 무사시의 일생이다. 그런데 위의 내용이 모두 사실일까? 아니면 허구일까?

사사키 고지로의 문제점

　미야모토 무사시 하면 빼놓을 수 없는 인물이 바로 숙적 사사키 고지로일 것이다. 특히 무사시와 고지로 사이에 벌어진 '간류지마의 결투' 는 소설이나 연극, 영화의 백미요 크라이맥스를 이룬다.

▲ 사사키 고지로 기념비(다무케야마 공원 내)

그러나 문제는 이처럼 『미야모토 무사시』에서 가장 중요한 캐릭터의 하나인 사사키 고지로의 실체가 확실하지 않다는 점이다.

『니텐키(二天記)』에 의하면, 고지로는 에치젠(越前 : 지금의 후쿠이현 후쿠이시) 출신으로 츄죠류(中條流)의 도다 세이겐(富田勢源)으로부터 검술을 배웠다고 되어 있다. 그는 어려서부터 재능이 뛰어났으며, 세이겐의 동생 도다 가게마사(富田景政)와 시합을 해서 이긴 후, 세이겐 문하에서 계속 수련하기 어려워 병법 수행을 위한 여행에 나섰다고 한다.

고지로의 트레이드 마크인 5척(약 1.5미터) 장검 모노호시자오를 자유자재로 구사하는 그의 검법을 간류(巖流)라고 한다. 그는 전국을 돌아다니며 여러 무술가와 시합을 벌여 한 번도 패한 적이 없었다고 한다.

그런데 『니텐키』에서는 후나지마(舟島 : 간류지마의 원래 이름)의 결투가 벌어진 1612년에 사사키 고지로가 18세였다고 한다. (1595년 출생설) 무사시보다 11세가 어리다. 이것이 사실이라면 고지로의 검술 스승 도다 세이겐과의 관계가 복잡해진다.

도다 세이겐이란 사람도 생몰년이 확실치 않은 수수께끼의 인물이다. 다만 그의 동생 도다 가게마사의 생몰년을 고려해 보면 대체로 1520년 전후 출생으로 보여진다. 그렇다고 한다면 세이겐과 사사키 고지로와의 나이 차이가 75년이나 된다.

또 고지로가 무사시와의 '간류지마 결투' 3 ~ 4년 전인 14, 15세쯤에 90세의 세이겐이 고지로에게 검술지도를 했다는 이야기가 된다.

과연 90세의 노인이 혈기왕성한 소년과 과격한 훈련과 검술 지도를
할 수 있었을까?

가장 큰 모순은 따로 있다. 고지로가 세이겐을 떠나게 된 이유가
세이겐의 동생 가게마사를 이겼기 때문이라고 하나, 『가가한시코(加
賀藩史稿)』라는 책에 의하면 가게마사는 1593년에 70세로 사망한 것
으로 되어 있다. 즉 1612년의 간류지마의 결투시 고지로가 18세였다
면, 가게마사는 고지로가 태어나기도 전에 죽은 것이 되어 버린다.

이제 반대로 도다 세이겐이나 가게마사를 중심으로 생각해 보자.
도다 세이겐은 생몰년이 불확실하지만, 동생 가게마사의 출생년도
는 1524년으로 확실하다. 가게마사의 아들이 1559년에 태어나 1583
년 25세의 나이로 죽은 것도 확실하다.

그러므로 고지로와 가게마사가 같은 세대라면 간류지마의 결투
시 고지로의 나이는 90세, 고지로가 가게마사보다 10세가 젊다면 80
세, 20세 정도 젊다고 해도 70세 정도의 노인이라는 이야기가 된다.

결국 미야모토 무사시와 사사키 고지로 간의 '간류지마의 결투'
는 29세의 한창 나이의 젊은이와 칠순이 넘은 노인네의 결투다. 무
사시가 이겨서 당연한 시합 아닌가?

간류지마의 결투

일본의 혼슈(本州)와 큐슈 사이의 좁은 해협을 간몬(關門)해협이
라고 한다. 좁은 곳은 폭이 680미터 밖에 안되어 바다라기보다는 강

이라는 느낌이 든다. 물살이 빨라 예로부터 단노우라(壇之浦) 전투
(1185년 다이라가와 미나모토가의 해전) 등 전쟁 유적지이기도 하
다. 이 해협 가운데 시모노세키항(下關港) 근처에 떠있는 작은 섬이
간류지마다.

　일반적으로 알려지기는 '간류지마의 결투'에 무사시가 요시오카
일문 등과의 시합에서처럼 일부러 늦게 도착해, 고지로를 초조하게
만들어 심리적인 우위에 선 무사시가 자기 페이스로 시합을 전개해
이긴 것으로 되어 있으나 그 진상은 알 수 없다.

　기타큐슈시(北九州市) 동쪽 외곽, 멀리 간류지마를 조망할 수 있
는 높은 언덕에 다무케야마 공원(手向山公園)이 있다. 이 공원의 정
상 부근에 세워져 있는 고쿠라 비문(小倉碑文)의 의하면 "…나가토
(長門: 지금의 야마구치현)와 부젠(豊前: 지금의 후쿠오카현) 사이
해중에 후나시마(간류지마)라는 섬이 있다. 양웅(兩雄: 무사시와 고
지로) 동시에 맞서서…"라고 적혀 있다.

▲ 다무케야마 공원 입구

1654년에 이 비를 세운 사람은 무사시의 양자 이오리였으므로 '지각전술'이 무사로서의 비겁한 행동이라고 생각해 일부러 동시에 결투를 시작한 것으로 조작했을 가능성을 배제할 수는 없지만, 그렇다고 실제 '지각전술'을 구사했다는 증거도 없다.

무사시의 생애 60여 회의 시합 중에서도 '간류지마의 결투'는 가장 유명하다. 그런데 무사시가 만년에 썼다고 하는 병법서 『오륜서』에는 '간류지마의 결투'에 대해 전혀 언급이 없다. 그가 13세 때 벌였던 신토류(新當流) 아리마 키헤에(有馬喜兵衛)와의 최초의 시합에 대해서는 확실하게 언급하면서 말이다.

'간류지마'라는 이름의 유래도 이상하다. 이 섬은 원래 후나시마(舟島 또는 船島)라고 불렀는데, 무사시와 고지로의 세기의 결투 이후 고지로의 별명인 간류(巖流)를 따서 '간류지마'로 부르게 되었다는 것이 일반적인 설이다.

그러나 이 시합의 승자는 무사시다. 그렇다면 그의 이름을 따서 '무사시지마(武藏島)' 또는 다른 이름인 '신멘지마(新免島)'나 '겐신지마(玄信島)'라고 부르는 것이 타당하지 않은가? 어째서 패자의 이름을 따서 섬의 이름을 지었을까?

미야모토 무사시의 문제점

미야모토 무사시는 생애 60여 회의 시합에서 한 번도 패하지 않은 전설적인 검객으로서, 오늘날까지도 영화, TV 드라마나 소설, 만화

▶ 무사시의 양자 이오리가 세운
코쿠라(小倉)비 (미야모토 무사시의 비)

▼ 다무케야마 공원에서 내려다본
간몬 해협(가운데에서 약간 오른
쪽으로 간류지마 일부가 보인다.)

등의 소재로 끊임없이 사랑을 받고 있다. 심지어는 우리나라에서조차 무협소설이나 만화를 좋아하는 사람이라면 그의 이름을 모르는 사람이 없을 정도이다.

그런데 이렇게 대단한 검술 실력을 가진 미야모토 무사시가 막상 대규모의 공식적 전투에서는 그 이름값을 못했으니 알다가도 모를 일이다. 무사시는 오사카 후유노진(大阪冬之陣), 나츠노진(夏之陣) 및 큐슈 '시마바라의 난' 등 실제 전투에 참가한 회수가 여섯 번인데, 간죠(感狀: 전장에서 공훈을 세운 자에게 대장이 신인해서 주는 전공증명서 또는 전공표창장)를 한 장도 못받았다.

연습할 때는 세계 신기록이나 올림픽 신기록을 가볍게 작성하다가, 막상 올림픽이나 세계 선수권 대회에 출전해서는 메달권은커녕 예선탈락해 버리는 식이다.

무사시가 에도에서 검술 도장을 열었다는 주장도 있으나 그것도 신빙성은 없다. 당시 에도에는 유명한 검객이나 무술가가 많았는데 시합을 한 기록이 없다. 그러므로 무사시가 모두 이겼다고 하는 60여 회의 시합 상대 대부분이 실력이 별로 없는 자들이 아닌가 하는 견해도 있다.

요시오카 형제와의 시합이나 '간류지마의 결투'의 사사키 고지로와의 시합에서처럼 강한 상대에게는 '지각전술'이라는 치사하고 비겁한 무사답지 않은 전법을 구사한 점도 이를 뒷받침한다.

무사시는 자기의 검법을 엔메이류(圓明流)라고 했었다. 그후 『병법 35개조』에서는 니토이치류(二刀一流)라고 하다가, 『오륜서』에서는 니텐이치류(二天一流)와 니토이치류를 혼용하고 있다. 그러므로 무사시의 니토류(二刀流: 두 개의 칼을 사용하는 검법)를 흔히 실전에서 갈고 닦은 합리적인 사고방식에서 나온 실용적인 검법으로 칭송하고 있으나, 실제로 무사시가 니토류를 사용해서 시합을 한 예는 없다. 단순한 이론적 허세일 뿐이다.

무사시가 성격적으로 오만불손하여 제자를 키우는 재능이 없었다는 점, 그래서 그의 제자들 중에서 이름을 날린 인물이 없었다는 점도 무사시에게는 악재이다.

그렇다면 왜 이 정도의 미야모토 무사시가 오늘날 그처럼 높은 인기를 누릴 수 있게 되었을까? 답은 바로 요시가와 에이지의 소설 『미야모토 무사시』에 있다.

요시가와 에이지의 『미야모토 무사시』와 역사창조

소설 『미야모토 무사시』는 일본의 국민 작가 요시가와 에이지가 「아사히 신문」 지상에 1935년 8월부터 1939년 7월까지 4년간 연재한 작품이다.

당초 요시가와는 에도시대의 야담 「소데니시키 간류토(袖錦岸柳島)」 등을 원전으로 삼아 1년 정도의 연재 예정으로 집필을 시작했다. 그런데 독자들의 반응이 너무 좋았다. 오늘날에도 TV 드라마의 경우 시청률이 높으면 엿가락처럼 늘이는 연장 방영으로 빈축을 사기도 하지만, 이 경우는 빈축은커녕 독자들의 압도적인 지지로 도저히 조기 중단을 할 수 없는 처지였다.

문제는 미야모토 무사시에 대한 역사적 근거자료가 별로 없었다는 점이다. 그러다보니 역사 사실이 아닌 사건도 작가의 상상력으로 새롭게 만들어지게 되었다. 그중의 하나가 무사시가 에도에 들어와서 벌어지는 사건이다.

일본 치바현(千葉縣)의 향토사를 다룬 『호덴의 옛날 이야기(法典の昔ばなし)』라는 책에 다음과 같은 내용이 있다.

미야모토 무사시가 이곳 저곳을 돌아다니다 우연히 우리 절(치바현 이치가와시[市川市]의 도쿠간지[德願寺])에 들러 잠시 체재한 일이 있습니다. 무사시는 그 때 자신의 이름을 후지와라 겐신(藤原玄信)이라 하였으며, 또한 몸에 승의(僧衣)를 걸치고 일도삼례(一刀三禮: 불상을 조각할 때 칼로 한 번 조각하고 세 번 절을 하는 일)하며 무사시가 직접 만들었다는 호신관세음상(護身觀世音像)을 갖고 있었습니다.

그후 나카야마 호덴가하라(中山 法典が原)에 집 한채를 지어, 그 불상을 안치하고 이 토지를 자신의 성을 따서 후지와라 신덴(藤原新田)이라고 불렀다고 합니다. 당사(當寺)의 과거장(過去帳: 절에서 시주 신도 중 사자의 법명, 속명, 사망일자 등을 기록해 두는 장부)에 의하면, 무사시는 쇼도쿠(正德) 2년(1712) 7월 24일 75세로 사망하여 유골을 당사에 매장했습니다. 또한 당사에는 무사시의 유품인 무사시 직필(直筆)의 그림과 서(書) 두 폭을 보존하고 있습니다.

▲ 도쿠간지(德願寺)

위 내용대로라면 미야모토 무사시는 1712년에 75세로 죽었다고 되어 있다. 그렇다면 무사시는 1638년생이라는 말이 된다.

그러나 요시가와 에이지의 소설에서 무사시는 전국시대 말기에 태어나 1600년의 세키가하라 전투에도 참가한 것으로 되어 있고, 『오륜서』에서도 스스로 1584년생으로 기록하고 있는 것을 보더라도 전혀 말이 안되는 주장이다.

왜 이렇게 되었을까? 사실은 에도 막부 말기<소데니시키 간류토> 등 미야모토 무사시를 다룬 연극을 공연할 때, 극적 효과와 에도에 살던 서민들의 인기를 얻기 위해 그렇게 무사시가 에도에 들어와 활

▲ 도쿠간지 경내에 있는 미야모토 무사시의 공양탑

동하는 내용으로 만들었던 것이다.

그리고 요시가와 에이지의 소설 『미야모토 무사시』에서도, 무사시가 훗날 양자로 삼게 되는 이오리를 만나 황무지를 개간하고 도적떼를 물리치는 등의 에피소드의 배경이 된 곳이 바로 도쿠간지 및 호덴가하라로 되어 있다.

이처럼 이 지역이 소설의 무대로 등장하게 되자, 역사 사실과는 관계없이 소설상의 허구가 역사로 둔갑하게 된 것이다. 즉 후대의 예술작품이 과거의 역사를 만들어 낸 것이다.

실제 역사를 잘 모르는 사람들이 『호덴의 옛날이야기』같은 책을 보면 정말로 무사시가 이곳에 와서 토지를 개간하며 살다 작품 관음상도 남기고 떠난 것으로 오해할 수 있다. 그리고 요시가와 에이지가 이러한 자료에 근거를 두고 소설을 쓴 것이라고 생각할 것이다.

요즈음에도 그 지역 주민이라든가, 미야모토 무사시에 관심을 가진 사람들 중에서는 요시가와의 소설 내용을 그대로 역사 사실로 인식하는 사람들이 있다. 치바현의 후나바시시(船橋市) 호덴쵸(法典町) 기념식에서는 그곳 지명의 유래가 미야모토 무사시와 관련이 있다고 단정하기도 하는데, 전혀 그렇지 않다.

미야모토 무사시라는 인물이 17세기 경에 존재했음은 사실이다. 그러나 무사시가 곧 간에이기(寬永期 : 1624~ 43)에 구마모토 번주 호소가와 다다도시의 가신으로 뛰어난 서도 및 조각작품을 남기고 죽은 니토류(二刀流) 검객과 동일인이란 확증은 없다. 또 미야모토 무사시의 병법서로 알려져 있는 『오륜서』도 실제 무사시가 썼다는 증거는 없고, 후대의 위서라는 주장도 있다.

결국 검성이자 구도자(求道者)로서 미야모토 무사시의 이미지를 확고하게 구축해 놓은 것은 오로지 소설가 요시가와 에이지의 공로라고 할 수 있는 것이다.

2 원조(元祖)의 장

일본인의 잠재의식 속에는 '신국 일본'의 역사관이 자리하고 있다. 중동의 유태인과 마찬가지로, 동아시아의 한국·중국과는 다른 특별한 선민사상을 갖고 있다. 그러므로 초고대에는 일본이 세계 각지의 문명을 선도한 세계 문화의 중심이었다고 믿기도 한다.

5

일본인과 유태인은 조상이 같다

이스라엘의 잃어버린 10부족

세계 각지에는 고대 유태인의 자손으로 간주되거나, 또는 스스로 유태인의 후손이라고 믿는 사람들이 있다. 마틴 길버트(Martin Gilbert)에 의하면 전자에는 일본 외에 아시아와 아메리카 각지, 후자에는 중동, 아프리카 지역과 미국의 몰몬교도 등을 들 수 있다. 심지어는 19세기 영국의 빅토리아 여왕이 고대 이스라엘 다윗왕의 직계 후손이라고 믿고 있는 사람들도 있다고 한다.

메이지 시대 초기에 일본에 온 서양 사람들 중에는 이질적인 일본인과 그 특이한 풍속과 습관에 탐구심을 품은 사람들이 많았다. N. 맥레오드(McLeod)도 그런 사람의 하나였다. 맥레오드는 비유태인 기독교도이었으나 구약성서를 잘 알고 있었기 때문에 일본의 종교(특히 신토[神道]), 풍속, 습관과 고대 유태인의 풍습의 유사점을 '발

◀아오모리 지방의 갓태어난 어린아이 이마에
십자가를 그려넣는 풍습상

견' 하여, 일본인이야말로 유태인의 '잃어버린 10부족'과 깊은 관계
가 있다고 보고, 1875년에 『일본 고대사의 축도』라는 책을 발간하여
'일·유 동조론'의 개척자가 되었다.

구미의 일·유 동조론은 모두 이스라엘의 '잃어버린 10부족'을
토대로 하고 있다고 해도 과언이 아니다. 다윗과 솔로몬에 의한 통
일왕국은 솔로몬이 죽자 유태인 12부족 중 10부족으로 이루어진 북
부 이스라엘과 유다족과 베냐민족 두 부족으로 구성된 남부 유태왕
국의 분열시대를 맞이한다. 이후 북부 이스라엘 왕국이 B.C 721년 앗
시리아 제국에 의해 멸망하자, 북부 이스라엘 왕국을 구성하고 있던
10부족이 전세계로 흩어지게 되었으며, 이들이 오늘날 '잃어버린 10
부족'으로 불리게 된 것이다.

이스라엘의 수도 예루살렘에는 아미샤브(Amishav)라고 하는 조직
이 있다. 전세계로 흩어진 '잃어버린 10부족'의 후손들을 찾아내는
조사기관이다. 현재 아미샤브의 책임자는 엘리야후 아비하일이라고
하는 랍비다. 그의 저서에 『이스라엘의 잃어버리거나 이산한 부족들

(*The Tribes of Israel- The Lost and the Dispersed*)』라는 책이 있다. 이 책
에 의하면, 이스라엘의 잃어버린 10부족의 후손들이 현재 아프가니
스탄, 파키스탄, 인도, 미얀마, 중국 및 일본에 있다고 한다.

일 · 유 동조론의 등장

맥레오드로부터 30여 년 후 일본인으로서 최초로 '일 · 유 동조
론'의 가설을 제기한 인물은 사에키 요시로(佐伯好郎)이다. 그는 당
나라 때 중국에 전래된 네스토리우스파 기독교(경교[景教]) 연구로
동경대에서 문학박사 학위를 취득한 석학이었다.

▲ 일본 국보 1호인 백제 전래 목조 반가사유상을 소장하고 있는 고류지

▲ 이사라이 우물

　사에키 요시로는 일본의 교토 서쪽에 있는 우즈마사지(太秦寺: 현
재의 고류지[廣隆寺]) 경내의 오사케 신사(大辟神社)의 고증을 통하
여 일본과 이스라엘의 관련을 주장한 『우즈마사(太秦)를 논한다』라
는 책을 펴냈다.

　이 책에서 그는 지금은 오사케라고 발음하는 한자어 '大辟'는 중
국식 발음으로 읽으면 이스라엘 다윗왕의 영어이름 데이빗(David)
을 어원으로 한 것이며, 오사케 신사가 다윗왕을 모시는 신사라는
것이다.

　또한 '우즈마사'의 우즈는 예수(Jesus), 마사는 메시아(Messiah)에
서 발음이 변화했다는 것이다. 그리고 우즈마사지(고류지) 경내에는

이사라이(伊佐良井)라고 하는 오래된 우물이 있는데, 이 '이사라이'라는 이름도 '이스라엘'에서 유래한 것이라고 한다.

말년에 사에키는, 그 책을 통해 일·유 동조론을 주장한 것은 홋카이도 개발에 유태인 자본을 끌어들이기 위하여, 그들의 주의를 일본에 향하게 하기 위해서였다고 밝혔다. 이외에도 사카이 가츠도키, 오야베 젠이치로 등 많은 일·유 동조론자들이 있으나, 그들에게 공통인 것은 양자(일본과 이스라엘)의 유사성은 강조하나, 그보다 훨씬 많은 차이점에 대한 설명은 없다는 점이다.

아오모리현 하치노헤 지방의 민요

일본 아오모리현 하치노헤(八戶) 지방 일대에 옛날부터 전해 내려오는 민요가 있다. '그리스도의 무덤'으로 유명한 아오모리현 신고무라에서도 매년 6월 첫째 일요일에 그리스도의 무덤 앞에서 '그리스도 마츠리(祭)'를 하면서 예수의 명복을 빌기 위하여 전통춤을 추면서 부르는 민요다. 그 민요의 가사를 발음 나는 대로 적으면 다음과 같다.

　　나～ 니야～도　　야라요～
　　나～ 니야～도　　나아사아레 다하아데 사～ 에
　　나～ 니야～도　　야라요～

그러나 문제는 이 민요를 부르는 그 지방 사람은 물론 아무도 이 가사의 의미를 모른다는 것이었다. 일본 표준말은 물론 그 지방의 말도, 그렇다고 고대어도 아니었다. 그런데 미국 시애틀에 거주하는 신학박사 가와모리다 에이지(川守田英二)가 히브리어로 해석을 해보니 그 의미를 알게 되었다고 한다. 그 뜻은 다음과 같다고 한다.

어전(御前)에 성스러운 이름을 칭송(稱頌)하라
어전에 야만족을 소탕하여
어전에 성스러운 이름을 칭송하라

일본에서는 한자를 음독(音讀)과 훈독(訓讀) 여러가지로 읽을 수 있다. 그러므로 이 지방의 이름인 하치노헤(八戶)도 '야헤'로 읽을

▲ 그리스도 마츠리에서 추는 '나니야 도야라' 춤

수 있다. 이 말의 어원도 여호와 하나님의 히브리 발음인 '야훼'에서 온 것이라고 한다.

그러나 가와모리다 박사는 고대 일본어와 고대 히브리어의 문법상의 차이를 무시하고, 또한 고대 히브리어와 현대 히브리어의 발음의 변화 등을 전혀 고려하지 않아 학문적인 실증성을 결여하고 있다.

이세 신궁의 석등롱(石燈籠)

아오모리 지방에는 예수가 하룻밤 사이에 만들었다는 작은 피라미드(태양신을 모시는 제단)도 있으며, 마요이가 다이라(迷ヶ平) 라고 하는 광대한 평원은 성경에서 아담과 이브가 놀던 에덴동산이었

▲ 이세신궁

다고 한다. 또한 이 지역 일대 토착민의 얼굴이, 특히 남자의 경우 매부리코에 눈이 파랗고 피부색과 머리털도 붉은 유태인과 아주 비슷한 풍모의 사람이 많다고 한다.

그리고 이 지방에서는 사람과 말이 같은 지붕 밑에서 살고 있다고 한다. 지금으로부터 2천여 년 전 이스라엘의 예루살렘 교외 베들레헴의 마굿간에서 성모 마리아의 몸을 통하여 예수가 태어났으며, 강보로 싼 아기 예수를 말구유에 뉘웠다고 성경에 쓰여 있는 것처럼, 당시 이스라엘의 시골 지방에서는 사람과 말이 한 지붕 아래 사는 독특한 풍습이 있었다고 한다.

그러나 일·유 동조론자들이 무엇보다 결정적인 증거라고 주장하는 것이 있다. 그것은 바로 미에현 이세시(伊勢市)에 있는 이세신궁(伊勢神宮)의 내궁(內宮)으로부터 외궁(外宮)에 이르는 길 양쪽에 줄지어 서있는 1천기가 넘는 석등롱이다. 이 석등롱마다 일본 천황

▲ 일본 천황가의 상징인 16매 국화문과 '다윗의 별'이
   음각되어 있는 석등롱

▲ 이세시의 석등롱

가의 상징인 16매(枚) 국화 문양과 함께, 유태인의 상징인 동시에 오늘날 이스라엘 국기에서 볼 수 있는 '다윗의 별'이 음각으로 조각되어 있다.

▲ 이세신궁 내궁의 본전 (계단 위로부터는 사진촬영 금지구역)

이세신궁 하면 일본의 15만 개가 넘는 신사 중에서도 가장 격이 높은 신사이며, 일본 황실의 종묘이기도 하다. 그러므로 과거에는 일본인이라면 누구나 한 번은 반드시 이세신궁을 참배해야 하는 것으로 되어 있어 '이세마이리'(이세 순례의 의미)라는 말이 있을 정도이다. 이러한 이세신궁의 석등롱에 유태민족의 상징인 '다윗의 별'이 조각되어 있다니 보통 중대한 일이 아니라는 것이다.

또한 일본 황실의 문장이 16매 국화 문양인데, 고대 유태 왕가의 문장도 마찬가지로 16매 국화문양이라는 것이다. 이스라엘 예루살렘의 그리스정교 박물관에 소장되어 있는 헤롯왕가의 석관을 보면, 다수의 16매 국화문이 조각되어 있다. 그리고 예루살렘 시내에 있는 헤롯궁의 '헤롯의 문' 위에도 16매 국화문이 조각되어 있는 것을 보면 일본 황실과 유태왕가와는 분명히 뿌리가 같은 민족임을 알 수 있다고 한다.

교토 야사카신사의 기온마츠리

일본에는 각 지방마다 마을 축제인 '마츠리(祭)' 가 있다. 일본 사람들은 일만 하는 것이 아니라, 놀 때도 집단으로 화끈하게 즐길 줄 안다. 교토의 야사카 신사(八坂神社)에서 행해지는 기온마츠리(祇園祭)는 바로 일본의 3대 마츠리의 하나다. 매년 7월 17일에 시작되는 기온마츠리에서는 울긋불긋 화려한 장식을 한 야마보코(山鉾) 라고 하는 높다란 상자 형 수레를 끌고 다닌다.

그러면 왜 하필 7월 17일인가? 일반적으로 마츠리는 봄이나 가을에 하는 것이 보통이다. 그 해답은 성경에 있다고 한다. 구약성서

▲ 야사카 신사

창세기 8장 4절에 보면 '칠월 곧 그 달 십칠일에 방주가 아라랏산에 머물렀으며' 라고 쓰여 있다. 7월 17일은 바로 '노아의 방주' 가 오늘날의 아르메니아에 있는 아라랏산에 표착한 날인 것이다.

구약성서에 의하면, 하나님은 하나님의 백성들까지 타락하여, 도덕과 질서가 문란해지고 하나님을 거역하는 자들이 많아지자 물로 온 인류를 심판하려 결심하였다고 한다. 다만 하나님의 말씀을 잘 따르는 의로운 노아와 그 가족만은 살리기로 작정하고 방주(方舟)를 만들게 하였다. 방주가 완성되자 노아의 가족과 지구상의 모든 동물들을 암수 한 쌍씩 태운 후 40일간의 큰 비를 내려 온 세상을 잠기게 하여 모든 사람과 동물을 말살하였다.

터키와 아르메니아 공화국 사이에 아라랏산이라고 하는 해발 5천 미터가 넘는 높은 산이 있다. 한여름에도 정상은 만년설과 빙하로 덮여있는 성산이다. 이윽고 물이 빠지면서 이 산 꼭대기에 노아의 방주가 표착했다고 한다. 그 날이 바로 7월 17일인 것이다. 이리하여 노아와 그 가족이 인류의 새로운 시조가 되었다고 한다.

그리고 야사카 신사의 '야사카' 란 고대 히브리어로 '여호와여 라고 부르짖다' 는 의미라는 것이다.

물론 고대 이스라엘 사람들이 일본까지 무사히 도착했다면, 당연히 노아의 이야기를 상기하였을 터이고, 노아의 방주가 7월 17일에 아라랏산에 표착하여 새로운 시대가 시작되었음을 잊을 수는 없었을 것이다.

미코시의 원형은 모세의 언약궤

일본의 8백만 신들은 적어도 매년 한 번 이상 마츠리날에 신사를 떠나 마을을 돌아다닐 수 있다. 그때 신들이 타고다니는 가마처럼 생긴 것이 미코시(神輿)다. 미코시의 외관은 그야말로 금빛 찬란하다. 안팎이 모두 금색으로 칠해져 있다. 양쪽에 기다란 막대기를 대어 신위(神位)를 모신 미코시를 여러 명의 장정들이 어깨 위에 올려놓고 이동한다. 미코시 지붕 꼭대기에는 봉황 또는 상상의 새의 장식이 달려있다.

바로 이러한 미코시의 원형도 구약성서 「출애급기」에 나와 있다고 한다.

너는 그들에게 아카시아나무로 가로 113센티미터, 세로 68센티미터, 높이 68센티미터의 궤를 만들게 하고 순금으로 그 안팎을 싸고 윗 언저리에 금테를 둘러라. 그리고 금고리 네 개를 만들어 양쪽에 각각 두 개씩 네 발에 달아라. 그런 다음 아카시아나무로 운반채를 만들어 금으로 싸서 그 운반채를 양쪽 고리에 꿰어 그대로 두고 그것을 빼내지 말아라. 그리고 내가 너에게 줄 두 돌판을 그 궤 속에 넣어두어라. 너는 순금으로 속죄소가 될 그 궤의 뚜껑을 만들어라. 길이는 113센티미터로 하고 너비는 68센티미터로 하라. 그리고 너는 금을 두들겨 두 그룹 천사의 모양을 만들어 궤 뚜껑 양쪽 끝에 각각 하나씩 세워라. 그것은 그 뚜껑과 한 덩어리가 되게 해야 한다. 그 그룹 천사들은 날개를 위로 펴서 속죄소를 덮고 그 얼굴은 속죄소를 향하여 서로 마주 보게 하라. 그리고 두 돌판을 궤 안에 넣고 속죄소인 그 궤의 뚜껑을 닫아라.

　　　　—『현대인의 성경』, 이집트 탈출기(출애굽기) 25장 10 ~ 21절

　사실 모세의 언약궤(성궤) 뚜껑 위의 그룹 천사들(Cherubim: 아홉 천사 중의 둘째 천사로 지식의 천사)의 조각은 일본의 미코시의 지붕 꼭대기에 있는 봉황새와 유사한 상징성이 있는 것 같기도 하다.

　이 성궤 안에는 원래 만나를 담은 금 항아리, 아론(모세의 형)의 싹 난 지팡이와 언약의 비석(십계명)이 들어 있었다.(히브리서 9장 4절) 그런데 이 성궤의 흔적이 솔로몬 왕 이후 행방이 묘연하다. 성경에도 기록이 남아 있지 않다. 그리하여 해리슨 포드 주연, 스티븐 스필버그 감독의 <레이더스 - 잃어버린 성궤를 찾아서>와 같은 영화의 소재로도 등장하게 된 것이다.

　이러한 성궤가 사실은 앗시리아, 바빌로니아 등의 잇단 이스라엘 침공으로 파괴된 솔로몬의 성전으로부터 안전한 곳으로 옮겨졌다는 것이다. 그곳이 바로 일본 시코쿠(四國)에 있는 츠루기산(劍山)이라고 한다.

　다카네 마사노리(高根正敎)라고 하는 전직 초등학교 교장이 1936년부터 7년간 츠루기산을 발굴 조사한 적이 있다. 다카네 교장은 끝내 성궤를 발견하지 못했으나 대리석제의 경석(鏡石), 삼중 마제형(馬蹄形) 아치 및 초승달형 바위 등 솔로몬의 보물을 암시하는 물건을 다수 발굴했다고 한다. 그러나 1943년에 갑자기 관리들이 강제로 발굴을 중지시키고 그 현장도 모두 폐쇄시켰다고 한다.

소금 뿌리기의 유사성

일본의 전통 스포츠인 스모 경기를 보면, 동서 양 진영의 선수 들이 도효(土俵: 씨름판)에 들어서면서 소금을 한 움큼씩 집어 들고 바닥에 뿌리는 장면을 볼 수 있다. 이처럼 스모 선수들이 소금을 뿌리는 이유는 예로부터 전해 내려 오는, 소금이 부정한 일을 정화시켜 준다거나, 악마를 물리치는 힘이 있다는 주술적인 믿음 때문이기도 하다. 현대과학 측면에서도, 만일 선수들이 씨름판에 넘어져 상처가 나더라도 크게 곪지 않도록 소독약의 작용을 하기도 한다.

또한 일본에서는 옛날부터 부정하거나 혐오스러운 사람이 나가거나, 장례식 후에 소금을 뿌리는 풍습이 있다. 특히 각 신사의 의식에서 반드시 소금을 뿌리거나, 제식(祭式) 때의 공물에 반드시 소금을 담은 토기를 바치게 되어 있다. 일본 요리집에서는 손님을 잘 맞기 위한 기원의 의미로 입구 쪽에 소량의 소금을 쌓아두기도 한다.

이처럼 오랫 동안 일본 고유의 풍습으로만 여겨지던 '소금뿌리기'의 전통도 고대 이스라엘에서 유래했다는 것이다. 구약성서에 나오는 '소금뿌리기' 관련 구절을 찾아보자.

아비멜렉은 하루 종일 그 성을 공격하여 결국 그 성을 점령하고, 그곳 주민들을 죽인 다음 그 성을 헐어 그 위에 소금을 뿌렸다.
— 사사들의 통치(사사기) 9장 45절

몇몇 여리고 사람들이 엘리사에게 와서 이렇게 말하였다. "선생님도 보셔서 아시겠지만 이 성은 아름다운 곳에 위치해 있으나 물이 좋지 못하므로 농산물이 제대로 열매를 맺지 못합니다." 그래서 엘리사는 새 그릇에 소금을 가득 담아오게 한 다음 그것을 가지고 샘으로 가서 물에 소금을 뿌리며 외쳤다. "이것은 여호와의 말씀이다. '내가 이 물을 고쳤으니 다시는 이 물을 먹고 사람이 죽거나 농산물이 열매를 맺지 못하는 일이 없을 것이다!'" 그러자 그 물은 엘리사의 말대로 좋은 물이 되어 오늘날까지도 맑고 깨끗하다.

— 왕들의 통치 II (열왕기하) 2장 19~22절

너는 흠없는 숫송아지 한 마리와 흠없는 숫양 한 마리를 가져다가 나 여호와 앞에 바치고 제사장이 그 위에 소금을 쳐서 나 여호와에게 번제로 드리게 하라.

— 에스겔 43장 23~24절

이처럼 성서에서 소금으로 악마를 물리치고 부정한 일을 정화시키는 용도로 쓰는 풍습이 생기게 된 것은 이스라엘의 수도 예루살렘에서 동쪽으로 30킬로미터 정도 떨어진 곳에 있는 사해 때문이다.

사해는 수면이 지표보다 408미터나 낮아, 요단강을 비롯한 사방에서 흘러 들어오는 물이 밖으로 흘러나가는 출구가 없어 태양열로 증발하기만 해, 염분의 농도가 매우 높아 물고기를 비롯한 일체의 생물이 살 수가 없다. 간혹 요단강으로부터 흘러 들어오는 물고기가 있어도 금새 죽어버리기 때문에 사해라는 이름이 붙게 된 것이다.

그러므로 소금에는 악귀를 물리치는 힘이 있다고 생각되었으며, 또한 생고기를 저장할 때 소금을 뿌려두면 세균의 발생을 억제하고 부패를 막을 수 있다는 점에서 소금은 눈에 보이는 더러움뿐 아니라 눈에 보이지 않는 부정함까지도 깨끗하게 떨쳐버릴 수 있는 힘이 있다는 신앙이 생기게 되었다.

스와다이샤의 온토사이 마츠리

나가노현(長野縣) 스와시(諏訪市)에 있는 스와다이샤(諏訪大社)에서는 매년 4월 15일 '온토사이(御頭祭)'라고 하는 전통 행사가 열린다. 온토사이는 고대로부터 면면히 이어져 내려온 것으로 스와다이샤의 가장 중요한 행사의 하나라고 한다.

스와다이샤 뒤편에는 해발 1,650미터의 모리야산(守屋山)이 있다. 이 모리야산이 스와다이샤의 본전(本殿) 즉 신체(神體)인 셈이다. 이 온토사이는 고대로부터 제주(祭主)인 모리야가(守矢家)에서 78대에 걸쳐 주관해 왔다고 한다.

그러면 '온토사이'란 어떤 것인지 그 내용을 알아보자.

대나무 자리 위에 세워 논 나무기둥에 사내아이 하나가 밧줄에 묶여 있고, 신관 하나가 칼을 들고 다가와 나무기둥의 꼭대기 부분 일부를 자른다. 그때 또 다른 신관이 나타나 사내아이를 풀어준다는 단순한 줄거리다.

그런데 이 이야기가 구약성서 창세기의 아브라함과 이삭의 이야기에서 유래한 것이라는 것이다. 그러면 성서에는 어떻게 되어 있는지 알아보자.

그 후에 하나님이 아브라함을 시험하시려고...“너는 사랑하는 네 외아들 이삭을 데리고 모리아 땅으로 가 내가 지시하는 산에서 그를 나에게 제물로 바쳐라.” 그래서 아브라함은 다음날 아침 일찍 일어나 나귀에 안장을 지우고 제물을 태울 나무를 준비하여 두 종과 자기 아들 이삭을 데리고 하나님이 지시하신 곳을 향해 떠났다… 그들이 계속 걸어서 하나님이 지시하신 곳에 이르렀을 때 아브라함은 그곳에 단을 쌓고 나무를 벌여 놓은 다음 자기 아들 이삭을 묶어 단의 나무 위에 올려 놓았다. 그리고 그가 손을 내밀어 칼을 잡고 자기 아들을 치려고 하는 순간 여호와의 천사가 하늘에서 …천사는 “그 아이에게 손을 대지 말아라. 그에게 아무 해도 입히지 말아라. 네가 하나밖에 없는 네 외아들까지 아끼지 않았으니 네가 하나님을 두려워하는 줄을 내가 이제야 알았다” 하고 말하였다. 아브라함이 주위를 살펴보니 뒤에 숫양 한 마리가 있는데 뿔이 수풀에 걸려 있었다. 그래서 아브라함은 그 숫양을 가져다가 아들 대신 제물로 바쳤다.

— 창세기 22장 1~13절

‘온토사이’에서는 보통 75마리의 사슴을 희생제물로 쓴다고 한다. 이삭을 풀어준 뒤 하나님이 준비한 양 한 마리를 상징하는 것처럼, 고대 일본에서는 양이 없었으므로 사슴을 대신 제물로 쓰게 된 것이라고 한다. 고대 이스라엘에서도 유월절 행사에 75마리의 양을 제물로 썼다고 한다.

또한 온토사이를 다른 말로 '미사구치의 마츠리'라고도 하는데, 미사구치(Misakuchi)에서 미(mi: 御)는 존칭접두어, 이사쿠(isaku)는 아브라함의 아들 이삭(Isaac), 치(chi)는 접미어를 나타낸다고 한다. 일설에는 히브리 · 아람어의 '미 이차크 틴(이삭으로부터 유래한의 의미)'에서 온 말이라고도 한다.

야마부시의 슈겐도

슈겐도(修験道)란 나라시대(奈良時代 : 710~94)의 수도자 엔노오즈노(役小角)를 시조로 하는 밀교(密敎)의 한 유파로, 주법(呪法)을 닦고 영험을 얻기 위하여 깊은 산속에서 수도를 한다. 이러한 슈겐도의 수도자를 보통 '야마부시(山伏)'라고 부른다.

야마부시는 앞이마에 검은색의 조그마한 상자에 검은 끈이 달린 토킨(兜巾)을 쓰고 있다. 유태인들도 기도를 할 때 앞이마 위에 끈이 달린 '성물함(聖物函 : Phylactery)'을 쓰고 있다. 토킨이나 성물함 모두 크기는 비슷하나, 유태인의 성물함은 네모난 상자 모양인데 반해, 야마부시의 토킨은 꽃 모양처럼 둥글다는 점이 다를 뿐이라고 한다.

또한 야마부시는 커다란 소라고둥을 나팔처럼 분다. 유태인들 역시 '하누카'(B.C 165년 예루살렘 성전의 해방을 기념하는 축제)와 같은 축제일에 숫양의 뿔로 만든 '쇼파'라고 하는 나팔을 분다. '야마부시'의 소라고둥 나팔과 유태인의 쇼파 모두 부는 방법이나 소리가 비슷하다고 한다. 다만 일본에는 원래 양이 없었기 때문에 양의 뿔 대신에 소라고둥을 사용하게 되었다는 것이다.

야마부시는 산을 종교적 수련을 하기 위한 신성한 곳으로 여긴다. 유태인 역시 산을 신성시한다. 모세가 하나님으로부터 십계명을 전수받은 곳도 시나이산이고, 아브라함이 하나님으로부터 축복을 받아 유태인의 조상이 될 수 있었던 곳도 모리아산이며, 또 그 위에 이스라엘의 수도인 예루살렘이 건설된 것이다. 예수도 산에 올라 기도했으며, 가장 중요한 복음도 산에서 행해져 '산상수훈(山上垂訓)'으로 불리기도 한다.

일본에는 깊은 산속에 살고 있다는 상상 속의 괴물 '텐구전설(天狗傳說)'이 있다. 텐구는 얼굴이 붉고 코가 크며, 날개도 있는 신통력(神通力)을 가진 사람의 모습을 하고 있다고 한다. 그래서 옛날에 닌자(忍者)들이 산속의 텐구를 찾아가 신통력을 배우기도 했다는 이야기도 전한다.

이때 텐구가 닌자에게 교재로 준 책이 「토라노마키(虎之卷)」라는 것이다. 「토라노마키」란 원래 중국의 병법서 육도삼략(六韜三略) 중

▲ 구라마산의 텐구 상

육도의 「호도권(虎韜卷)」에서 유래한 말로 비사(秘事)·비전(秘傳)이나 비상시에 적절히 대응할 수 있는 비책이 담긴 아주 중요한 책을 의미한다. 이 「토라노마키」의 '토라'가 유태인의 「모세오경」 즉 '토라(Torah: 율법)'에서 유래했다는 것이다.

일본의 신사와 솔로몬 성전의 유사한 구조

일본의 토착 고유 종교를 신도라고 한다. 일부에서는 신도는 종교가 아니라고도 한다. 적어도 종교가 되기 위해서는 교조(敎祖), 경전(經傳), 성전(聖殿) 및 신도(信徒)가 필요한데, 신도에는 교조와 경전이 없다.

그러나 비록 교조와 경전이 없더라도, 오랜 세월 일본인의 생활 속에서 그들의 행동양식을 지배해온 정신적인 규율이었음은 부인할 수 없으므로 굳이 신도가 종교가 아니라고 부정할 필요는 없을 것 같다.

신도의 성전을 신사라고 하며, 이스라엘에서도 솔로몬왕 시대(B.C 10세기 경)에 최초의 성전을 건축하였다. 솔로몬 성전의 내부는 크게 성소(聖所)와 지성소(至聖所) 두 부분으로 되어 있다. 성소에는 제사장(祭司長)들만 들어갈 수 있으며, 그들은 여기에 향(香)과 빵을 바친다. 지성소에는 모세의 언약궤가 있으며, 하나님이 있는 신성한 곳으로 여겨 대제사장만이 1년에 한번 속죄일 축제 때 들어갈 수 있다.

솔로몬 성전

일본의 신사

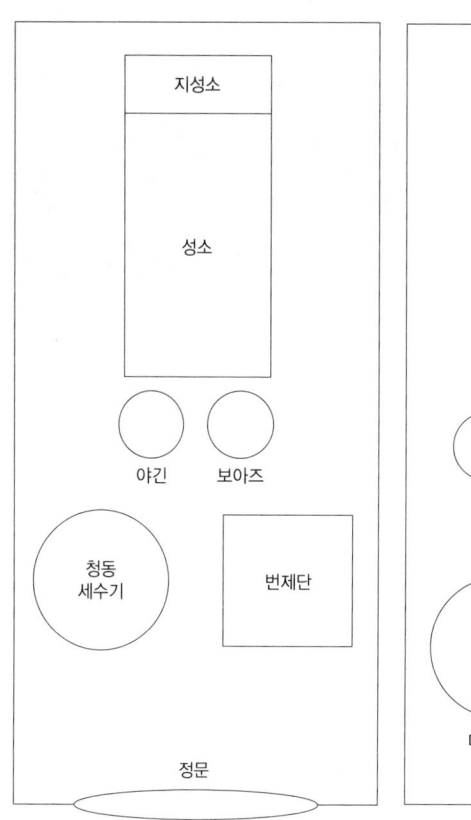

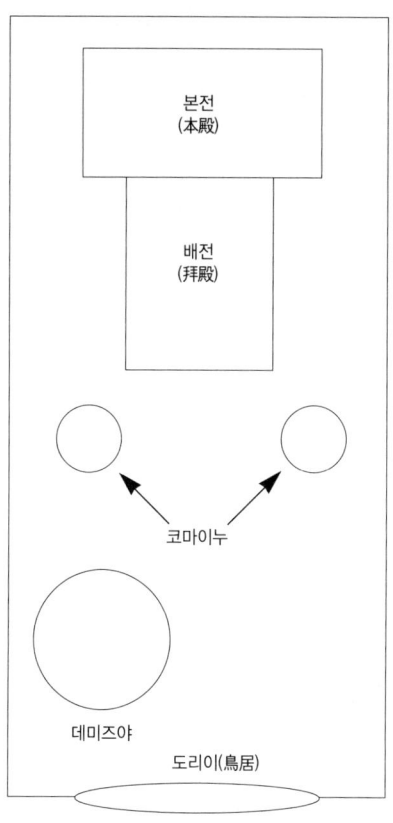

일본의 신사도 성소와 비슷하게 배전과 지성소에 해당하는 본전으로 이루어진다. 보통 일반 참배자는 배전 앞에서 기원을 드리며, 배전 안으로는 들어가지 못하고 신관이나 특별한 사람만 들어갈 수 있다.

신사의 배전 앞에는 좌우로 코마이누(高麗犬)라고 하는 사자상이 있다. 솔로몬 성전에도 사자의 조각이 있었음을 알 수 있다. (열왕기

상 7장 36절) 사자 역시 일본에는 없던 동물이나 고대로부터 신사에는 사자상이 존재한 것이다.

신사의 입구에는 도리이(鳥居)라고 하는 문이 있다. 신사의 규모에 따라 도리이의 크기도 다양하지만, 기본적으로 도리이는 두 개의 수직으로 된 기둥과 두 기둥의 윗부분을 연결하는 가로막대로 이루어진다. 솔로몬 성전에서도 성전 앞에 '보아스'와 '야긴'이라는 두 기둥을 세웠다. (열왕기 상 7장 21절)

도리이를 지나 안쪽으로 들어가면 데미즈야(手水舍)라고 하는 곳이 있다. 참배객들이 손을 씻고 입을 헹구는 곳이다. 옛날에는 발도 깨끗이 씻어야 했었다. 솔로몬 성전에도 역시 제사장들이 손발을 씻는 커다란 청동세수기(Laver)가 있었다.

일본의 신사와 솔로몬 성전의 구조에서 틀린 점은 신사에는 희생제물을 불에 태우는 번제단(燔祭壇)이 없다는 점이다. 그러나 이 점도 구약성서 신명기 12장 13~14절에 "너는 삼가서 네게 보이는 아무곳에서든지 번제를 드리지 말고 오직 너희의 한 지파 중에 여호와의 택하실 그곳에서 너는 번제를 드리고…"라고 써 있듯이 고대에 일본에 온 이스라엘 10부족의 후손은 동물 희생 번제를 드릴 수 없었다는 것이다.

기타 여러가지 공통점

이제까지 열거한 일·유 동조론의 주장말고도 많은 그럴듯한 주

장들이 있으나 지면관계상 자세히 소개할 수가 없어 간단히 비교표
로 알아본다.

일 본	이스라엘(유태인)
*신사의 배전 앞에서 기원하기 전에 건물 중앙에 매달린 금방울을 울린다. *신사참배시 두 번 손을 마주쳐 소리를 낸다. *인사할 때 머리를 숙이고 몸을 약간 앞으로 구부린다. 귀인을 대할 때는 꿇어앉아 엎드려 머리를 숙인다. *신도에서는 8백만의 신을 섬기지만 우상을 만들어 모시지는 않는다. *일본신화에 나오는 신들의 계보와 구약성경 창세기의 계보가 일치한다.	*성소에 들어갈 때 금방울 달린 옷을 입어야 죽지 않는다(출애굽기 28장 33 ~ 35절) *약속이나 맹세의 의미로 손뼉을 침(잠언 6장 1절) *몸을 굽혀 인사하며 연장자를 만날 때는 엎드려 인사함 (창세기 33장 3절) *너를 위하여 새긴 우상을 만들지 말고 또 위로 하늘에 있는 것이나 아래로 땅에 있는 것이나 땅 아래 물속에 있는 것의 아무 형상이든지 만들지 말며 (출애굽기 20장 4절)

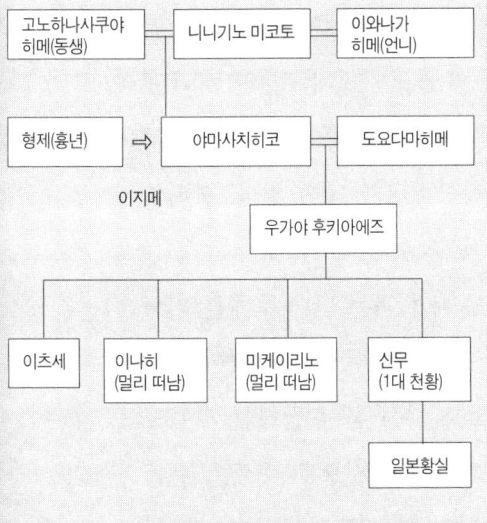

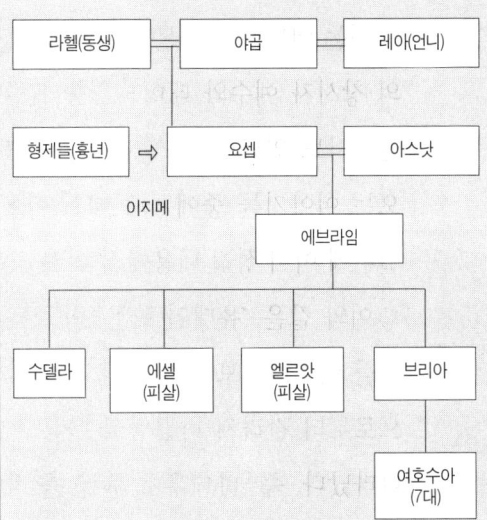

*월경중인 여자는 종교의식이나 남편과의 성생활도 금지(수일 ~ 7일)-마을 공동의 '월경 오두막집' 운영 (메이지 시대까지 존재) *출산여성은 일주일간 종교의식 참가 금지 (출산 후 30일간 조리)	* 왼쪽과 같음 (레위기 15장 19절, 28절) * 아들출산시: 7일 부정, 정결기간 33일(40일간) 딸 출산시: 14일 부정, 정결기간 66일(80일간) (레위기 12장 2 ~ 5절)

일 · 유 동조론 유행의 배경

일본에서의 이스라엘 또는 성경 관련 사항의 역사는 6세기 아스카 시대(飛鳥時代)까지 거슬러 올라간다. 불교의 전파 및 관위 십이계(冠位十二階)를 정하고 헌법 17조를 공포하는 등 일본의 율령국가 체제를 확립한 인물이 쇼토쿠 태자(聖德太子)이다.

쇼토쿠 태자는 574년에 다치바나노 도요히(橘豊日) 황자와 아나호베노 하시히토(穴穗部間人) 황녀 사이에서 태어났다. 그런데 임신 중인 하시히토 황녀가 마굿간 앞을 지나가다 산기를 느껴 낳게 된 것이 쇼토쿠 태자이며, 이 때문에 우마야도(廏戶 : 마굿간의 뜻) 황자라고 불렀다고 한다.

이는 어디서 들어본 에피소드 같지 않은가? 쇼토쿠 태자는 기독교의 창시자 예수와 태어난 곳이 같은 '마굿간 출생 동지'인 것이다. 앞에서도 언급했지만 『고사기』나 『일본서기』 등의 일본 신화에 나오는 이야기들 중에 성경에서 따온 에피소드가 많이 있다. 당시의 일본에 이미 성경 내용이 알려져 있음을 알 수 있다.

이와 같은 '유태인 또는 이스라엘 도래설'과는 반대로 일본의 역사를 이스라엘보다 훨씬 오래된 시대로 상정하여, 이스라엘이 일본으로부터 갈라져 나갔다고 하는 '일본 분파설'을 주장하는 자들도 나타났다. 즉 『다케우치 문서』를 비롯한 고사고전으로, 이것은 현존하는 가장 오래된 사서인 『고사기』 이전의 책으로, 적어도 1만 년 이전의 역사를 기록한 초고대 문헌으로서 수천 년만에 공개되었다는

▲ 오야베젠이치로의 『일본인의 뿌리는 유대인이다』

것이다.

'유대인 도래설'이건 '일본 분파설'이건 논자(論者)들의 공통점은 일본지상주의(日本至上主義) 내지는 일본우월주의라는 점이다. 1920년대의 일본은 국제무대의 신흥세력에 불과하여 곳곳에서 좌절할 수밖에 없는 처지였다. 그러므로 전세계의 수많은 민족 중에서 가장 우수한 민족으로 알려진 선민사상(選民思想)의 히브리 민족(유태인)의 정통후예였으면 하는 강렬한 바램으로 일·유 동조론이 나오게 된 것이다.

또한 시대의 흐름에 따라 친유대주의와 반유대주의가 나타나게 되었다. 메이지시대(明治時代 : 1868 ~ 1912) 후기부터 다이쇼(大正 : 1912 ~ 26), 쇼와(昭和 : 1926 ~ 89) 초기까지는 대체로 친유대주의자가 우세하였으나, 1935년 이후 일본이 점차 군국주의화함에 따라 반유대주의로 바뀌게 된다. 그러므로 자연스럽게 친유대파는 친영미파(親英美派), 반유대파는 반영미파(反英美派)가 되어 서로 대립하게 된다.

당시의 주요 일·유 동조론자들의 경력을 살펴보자.

◁ 히구치 엔노스케(樋口艶之助):『시온 장로 의정서』(유대인의 세계 정
복을 위한 지침서로 알려진 책)를 최초로 일본에 소개. 페테르부르그
신학대학 유학. 육군에서 러시아어 교수 역임. 시베리아 출병.(시베리
아 출병이란 1917년의 러시아 공산혁명 후 미국, 영국 등 열강과 함께
일본군이 시베리아를 침략한 사건)

◁ 오야베 젠이치로(小谷部全一郎): 육군성 통역. 시베리아 출병.

◁ 누노가와 마고이치(布川孫市): 러시아혁명 견문. 시베리아 출병.

◁ 야스에 노리히로(安江仙弘): 1918~20년 시베리아 출병. 1921년 참모본
부로부터 팔레스타인 파견. 육사 21기. 중국 대련(大連) 특무기관장
(1938)

◁ 히구치 기이치로(樋口季一郎): 육사 21기. 시베리아 출병. 제14사단 정
보참모 겸 하바로프스크 특무기관장. 폴란드 주재 무관. 반유대 · 반공
론 결합자.

◁ 사카이 가츠도키(酒井勝軍): 미국에서 기독교 목사. 러일전쟁 참가.
1906년 유대인 배격단체 찬미장려회(讚美奬勵會: 후에 國敎宣明團으
로 개칭) 단장. 1932년 일유(日猶)협회 설립. 1936년 신비일본사(神秘日
本社) 설립 잡지 발간.

이들의 공통점은 '시베리아 출병'이다. 일본이 시베리아 출병을
통하여 미국, 영국 등 열강의 침략수법을 배워, 군국주의의 길을 걷
는데 적절히 이용하였음은 역사를 통해 잘 확인되는 바이다.

6

징기스칸의 고향은 일본

징기스칸은 일본의 미나모토 요시츠네

지금으로부터 10년 전인 1995년 12월 말 미국의 「워싱턴포스트」 지는 '지난 1천 년간 인류사에 영향을 미친 가장 중요한 인물'로 징기스칸을 선정했다. 우리가 익히 알고 있는 역사상 유명한 인물들인 나폴레옹이나 히틀러를 제치고 말이다.

그도 그럴 것이 징기스칸이 점령한 정복지는 동쪽으로는 아시아의 끝인 한반도에서부터 서쪽으로는 유럽의 폴란드, 헝가리까지 아시아와 유럽에 걸친, 면적으로 따지면 777만 평방 킬로미터에 달했다. 나폴레옹의 115만 평방 킬로미터, 히틀러의 219만 평방 킬로미터를 가볍게 압도했으니 '정복왕'의 타이틀은 당연히 징기스칸의 몫이다.

물론 단순히 징기스칸이 '땅 따먹기'를 잘 했다고 해서 「워싱턴 포스트」지가 그런 선정을 한 것은 아닐 것이다. 징기스칸이 동양과 서양을 지리적으로 연결시킴으로써 나침반, 화약, 인쇄술 등의 유럽 전래로 동서문화의 교류를 촉진시켜, 오늘날의 글로벌화의 선구자가 되었다는 점에서 평가받아 마땅하다고 본다.

　징기스칸의 군대는 당시 유럽을 침략하면서 무자비한 살육으로 유럽인의 간담을 서늘케 하였고, 또 그들이 가져온 흑사병(페스트)으로 유럽 인구의 3분의 1이 죽어, 황색인에 대한 공포심이 유럽인의 잠재의식이나 유전자에까지 깊이 각인되었다.

　이후 이것이 서양인의 동양인에 대한 거부감의 발로인 '황화론 (黃禍論)'의 원천적 요인이 되었고, 문자를 가지지 못한 몽골족의 원초적 한계로 자신의 역사를 제대로 기록, 후세에 자기행위의 정당성을 주장하지 못함으로써 오늘날까지 부정적인 이미지로 인식되고 있음은 안타까운 일이다.

　어쨌거나 일본에는 이러한 세계 역사상의 유명인사 징기스칸이 원래는 일본인이었다는 충격적인 주장이 있다. 일본의 가마쿠라 시대(鎌倉時代 : 1185 ~ 1333) 초기의 유명한 무장 미나모토 요시츠네 (源義經)가 중국 대륙으로 건너가 징기스칸이 되었다는 것이다.

　미나모토 요시츠네는 일본의 역사인물 중 인기투표를 하면 확실히 '베스트 3'에 들어갈 정도로 일본인의 마음을 사로잡고 있는 인물이다. 실제로 1999년 일본의 「아사히 신문」에서 밀레니엄 기획 특집으로 서기 1000년에서 1999년까지 일본 역사에 등장한 인물 중에서 '가장 좋아하는 정치지도자'를 묻는 설문 조사결과 미나모토 요시츠네가 상위에 랭크되었었다.

그러므로 미나모토 요시츠네는 영화나 TV드라마, 소설의 단골 메뉴다. 일본 NHK(일본방송협회)에서도 대하 역사드라마로 <요시츠네>가 현재 방영중이다. 요시츠네역에 인기가수이며 MC이기도 한 다키자와 히데아키(瀧澤秀明)를 기용하는 등 호화 배역진으로 시청률도 무척 높다.

역사 속에서의 징기스칸

징기스칸(Chinghis Khan, 成吉思汗 : 재위 1206 ~ 27)은 몽골 제국(원조[元朝])의 초대 칸(汗)으로 몽골의 여러 부족을 통일한 후 아시아와 동유럽의 대부분을 정복하였다.

몽골인의 조상신화와 건국과정을 몽골어로 기록한 가장 오래된 사료인 『원조비사(元朝秘史)』에 의하면, 푸른 늑대와 하얀 암사슴 부부가 바타치칸이란 아들을 낳으며 시작된다. 바타치칸의 11대손인 도분 메르겐의 처 알란 고아가 과부가 된 후, 빛을 받아 임신하여 낳은 아들 삼형제 중 막내가 보톤차르 몽칵이다. 이 보톤차르 몽칵의 12대 후손이 테무진(鐵木眞 : 후의 징기스칸)이다.

테무진의 출생년도에 대해서는 1155년, 1162년과 1167년 등 여러 가지 설이 있으나 몽골에서는 보통 1162년설을 취한다. 테무진의 부친인 에스게이 바아투르는 보르지긴 씨족(氏族)의 일원으로 캬토족의 족장이었으나 테무진이 어렸을 때 타타르족에게 독살되었으며, 어머니인 호에룬 이케 혼자서 테무진 5남매를 키웠다.

테무진의 부인인 부르테가 메르키트족에게 납치당하자, 테무진은 양아버지인 토오릴 옹칸과 의형제인 자무카의 도움으로 메르키트족을 물리치고 부르테를 되찾았다. 메르키트족에 대한 승리로 용명을 떨친 테무진은 여러 부족의 추대로 '칸'이 되었으며, 이후 징기스칸으로 부르게 되었다. 그러나 징기스칸의 세력이 커지게 되자 의형제를 맺은 자무카와 사이가 점점 벌어져 서로 전투도 하게 되고, 징기스칸이 지는 일도 있었다.

그 무렵 동쪽의 금(金)나라는 타타르족의 거듭되는 침략으로 골치가 아파, 몽골의 여러 부족에게 타타르를 협격하기를 요청하였다. 징기스칸으로서는 타타르는 부친을 죽인 원수이므로 당연히 이에 참가하였고, 토오릴 옹칸은 이때 금으로부터 왕의 칭호를 하사받아 이후 구르칸으로 불리게 된다. 그후 타타르를 전멸시켜 많은 인력과 재물을 획득한 징기스칸 세력은 구르칸과 어깨를 나란히 할 정도로 급격히 커졌다.

징기스칸의 성장으로 위기감을 느낀 구르칸이 공격을 해왔으나 징기스칸은 기습작전으로 격파하고, 1203년 케레이트마저 흡수하였다. 이어서 서쪽의 나이만도 격파하여 전 몽골을 통일한다. 몽골을 통일한 징기스칸은 1206년 오난 강변에서 쿠릴타이(대집회)를 열어 대몽골제국을 선포하였다.

징기스칸은 10진법에 기초한 새로운 군대 시스템을 개발했다. 부대를 열명, 백명, 천명, 만명 단위로 묶고, 각 부대는 가족과 말을 동반해서 이동하며, 한 사람의 기마병에 대해 서너 필의 말이 있어 항상 튼튼한 말을 이동수단으로 이용할 수 있는 태세를 갖추었다.

1210년 서하(西夏)의 정복을 시작으로 서위구르의 복속, 만리장성을 남하하여 황하 사이에서 금의 군대를 격파하여 북 중국을 휘저으며 많은 도시를 공략했다. 이어서 서요(西遼)를 정복한 후 1218년까지 몽골제국은 서쪽으로는 발하시호까지 영토를 넓히고, 남으로는 이슬람 왕조인 코라즘(Khorazm)과 국경을 접하게 되었다.

1218년 징기스칸이 코라즘 왕조에 통상사절을 파견했으나 동부국경선인 오트랄(Otrar)의 통치자가 그들을 학살했다. 징기스칸은 보복을 위해 20만의 군대를 이끌고 원정을 시작, 오트랄, 부하라(Bokhara), 사마르칸드(Samarkand)를 차례로 점령하고 1225년에 몽골로 귀환했다.

서정(西征)에서 돌아온 징기스칸은 광대한 영토를 분할하여 장남 쥬치에게는 남서 시베리아로부터 남러시아 지역을, 차남인 챠가타이에게는 중앙아시아의 옛 서하지역을, 삼남 오고타이에게는 서몽골을 주고, 막내인 톨루이에게는 현재는 아무 것도 주어지지 않지만, 말자상속(末子相續) 관습에 따라 징기스칸 사후에 본거지인 몽골지역을 물려주게 된다.

1226년 징기스칸은 코라즘 원정시 원군 파견을 거부하고 금과 반몽골 동맹을 맺은 서하를 정벌하기 위하여 다시 원정길에 나선다. 그러나 이 서하 원정 도중인 1227년 징기스칸은 병사하고 말았다.

징기스칸의 장례시 병사들이 유해를 운반하는 모습을 본 모든 사람들을 죽였기 때문에 징기스칸의 유해가 어디에 묻혔는지는 지금까지 아무도 모른다. 현재 징기스칸의 능으로 알려져 있어 관광 코스로 되어 있는 곳은 단순히 징기스칸의 기념묘(記念廟)일뿐 실제 징기스칸의 유해가 누워있는 곳은 아니다.

역사 속의 미나모토 요시츠네

미나모토 요시츠네는 1159년 미나모토 요시토모(源義朝)의 아홉번째 아들로 태어났으며, 어릴 때의 이름은 우시와카마루(牛若丸)라고 한다. 당시는 겐지(源氏)와 헤이지(平氏)가 천하의 패권을 다투는

▲ 요시츠네(전투복 차림)

▲ 요시츠네(어린시절)

시기였다. 당구용어 중에 '겐뻬이(源平)'라고 해서 편을 갈라 내기를 하는 경우를 지칭하는 말도 여기에서 유래한 것이다.

요시츠네의 아버지 요시토모는 '헤이지(平治)의 난'(1159년 겐지와 헤이지 무사간에 일어난 정변)에서 다이라노 기요모리(平清盛)에게 패하여 죽고, 다이라 가문(헤이지)이 권력을 잡게 된다. 이로써 겐지 가문은 몰락하였고, 요시츠네와 형 미나모토 요리토모(源賴朝) 모두 죽임을 당할 처지였으나 다이라노 기요모리의 양모(養母) 이케노 젠니(池禪尼)의 설득으로 목숨을 건질 수 있었다.

요시츠네는 7세 때부터 승려가 되기 위해 구라마데라(鞍馬寺)에서 수행을 시작하고 법명도 차나왕(遮那王)으로 지었다. 11세 때 자신의 과거를 알게 된 요시츠네는 승려의 길을 포기하고 다이라 가문에 복수하기 위하여 몰래 수련을 쌓는다. 민간전승으로는 이때 요시츠네가 구라마산(鞍馬山)의 텐구(天狗: 신통력이 있는 상상속의 괴물)로부터 여러 가지 비술을 전수받았다고 한다.

16세가 된 요시츠네는 구라마데라를 탈출하여 오래 전부터 겐지 가문과 친밀한 오슈(奧州: 지금의 후쿠시마, 미야기, 이와테, 아오모리현 등 동북지방)의 영주 후지와라 히데히라(藤原秀衡)가 있는 히라이즈미(平泉)로 향한다.

마침내 1180년, 다이라가를 쓰러뜨리기 위하여 거병한 이복형 요리토모를 찾아가 눈물의 상봉을 한다. 이후 요시츠네는 탁월한 전략과 전술을 구사하여 1184년의 이치노타니(一之谷) 전투, 1185년의 야시마(屋島) 전투, 그리고 마침내 단노우라(壇之浦) 전투에서 승리를 거두며 다이라 일족을 멸망시켰다.

그러나 연전연승하는 요시츠네와 이를 시기 질투하는 가지와라 가게도키(梶原景時) 등 요리토모 측근들의 간언으로 형제간의 사이가 벌어진다. 요시츠네는 형에게 다른 마음을 품고 있지 않다는 뜻을 적은 기청문(起請文:신불[神佛]에 서약하고, 이를 어기면 벌을 달게 받겠다는 서약서, 특히 군신간의 진심이 변하지 않음을 맹세함)을 요리토모에게 보냈으나 소용이 없었다. 결국 요리토모는 요시츠네를 죽이기 위하여 암살단을 파견하기도 하고, 전국에 체포령을 내리기도 한다.

요시츠네가 나라현의 요시노(吉野), 도츠가와(十津川) 부근에서 도망을 다니던 중 역사상 일본의 최고미인으로 꼽히는 애첩 시즈카 고젠(靜御前)이 사로잡혀 요리토모가 있는 가마쿠라로 호송된다. 이 때 그녀는 요시츠네의 아이를 임신중이었는데, 나중에 아들을 낳자 그 아들은 바로 살해되었다.

▲ 구라마테라

요시츠네는 우여곡절 끝에 1187년 2월 다시 후지와라 히데히라가 있는 히라이즈미에 도착하였다. 그러나 믿었던 히데히라는그해 10월 요시츠네를 끝까지 잘 보좌하라는 유언을 아들들에게 남기고 병사하였다. 차남 후지와라 야스히라(藤原泰衡)가 오슈(奧州) 영주의 자리를 물려받았다.

한편 요시츠네가 오슈에 있는 것을 알게 된 요리토모는 야스히라에게 요시츠네를 죽이라는 명령과 협박을 수 차례 내리게 되고, 야스히라는 어쩔 수 없이 1189년 윤(閏) 4월 30일 고로모가와(衣川)의 요시츠네 거소를 수백 명의 군사로 공격하였다. 도저히 희망이 없다고 생각한 요시츠네는 먼저 자기 손으로 처와 네살 난 어린 딸을 죽인 후 건물에 불을 지르고 자결하고 만다. 요시츠네의 나이 겨우 31세였다.

야스히라는 요시츠네의 목을 베어 술통에 담아 가마쿠라의 요리토모에게 보내었고, 요리토모의 측근인 와다 요시모리(和田義盛)와 가지와라 가게도키가 검시하였다.

그러나 요리토모는 이에 만족하지 않고 스스로 오슈 정벌군을 이끌고 출병해 야스히라를 치니, 오슈 후지와라가는 4대만에 멸망하고 말았다.

이상이 가마쿠라 막부의 공식기록인 『아즈마노가가미(吾妻鏡)』, 또는 작자 미상의 『기케이키(義經記)』에 기록된 미나모토 요시츠네의 생애다.

미나모토 요시츠네의 생존설

이처럼 역사적으로 히라이즈미의 고로모가와에서 죽은 것으로 되어있는 미나모토 요시츠네가 사실은 죽지 않고 살아서 북쪽으로 도피했다는 주장이 오래 전부터 있어 왔다. 그러한 주장의 근거는 다음과 같다.

요시츠네의 사망소식이 가마쿠라의 요리토모에게 전달된 기간이 너무 길었다는 점이다. 요시츠네가 죽은 날이 윤 4월 30일인데 가마쿠라의 요리토모에게 그 소식이 전달된 것은 5월 22일로 22일이나 걸린 셈이다.

당시 조정의 섭정(攝政)인 구죠 가네자네(九條兼實)가 쓴 일기 「교쿠요(玉葉)」를 보면, 교토에서는 5월 29일에 요시츠네의 사망소식을 알았으므로 가마쿠라 - 교토간은 1주일 이내로 충분하다는 것을 알 수 있다. 가마쿠라 - 교토간의 거리는 450 km 정도로 가마쿠라 - 히라이즈미간의 500 km와 비슷하다.

그러므로 요리토모로부터 요시츠네의 처리를 채근받고 있는 야스히라로서는 한시라도 빨리 요시츠네의 사망소식을 가마쿠라에 보고해 요리토모의 신임을 회복해야 할 터인데, 히라이즈미로부터 가마쿠라까지 500km의 거리를 히캬쿠(飛脚: 편지, 돈, 화물을 전달하는 파발꾼으로 오늘날의 택배업자)가 20일 이상 걸렸다는 것은 무언가 이상하다는 것이다.

마찬가지로 요시츠네의 목이 가마쿠라에 도착한 것은 6월 13일로

43일이나 걸려 하루 평균 12 km도 이동하지 못한 셈이다.

그리고 요시츠네가 죽은 음력 윤 4월 30일이라면 양력으로 6월 20일 경에 해당하며, 가마쿠라에 도착한 6월 13일은 8월 초순에 해당한다. 즉 이 시기는 일년 중 가장 무더운 계절인 것이다.

이러한 계절에 설령 술통에 담갔다고는 하나 사람의 잘린 목, 더구나 불탄 자리에서 나온 목이 부패하지 않고 온전히 본래의 모습을 유지했을 리가 없다는 것이다. 그러므로 요시츠네의 목의 도착이 늦어진 것은 우연한 일이 아니라 사전에 계획된 것으로, 얼굴을 알아보지 못하게 하기 위해서였다는 것이다.

요리토모의 오슈 정벌군은 가마쿠라를 7월 19일 출발해서 히라이즈미에 8월 22일 도착하였다. 가는 도중에 전투도 벌여가면서 대군을 이끌고 진군하는 데도 33일밖에 안걸렸는데, '요시츠네의 잘린 목' 하나 운반하는데 43일씩이나 걸린 것은 분명히 숨겨진 의도가 있다는 것이다.

이리하여 가마쿠라에 보내어진 '요시츠네의 목'이 가짜라는 주장이 나오게 된다. 당시 요시츠네의 목을 직접 검시한 요시츠네의 정적 가지와라 가게도키도 요시츠네의 목이 아니라고 의심했으나 함께 검시한 와다 요시모리가 적당히 넘겨 가나가와현(神奈川縣)의 후지사와(藤澤)에 매장했다고 「요시츠네 훈공기(義經勳功記)」는 기록하고 있다.

그렇다면 잘려진 목의 진짜 주인은 누구란 말인가? 보통 오슈의 스기츠마(杉妻) 성주인 스기메타로 유키노부(杉目太郎行信)가 요시츠네의 가게무샤(影武者 : 적을 속이기 위한 가짜인물)라고 주장한다. 이와테현(岩手縣) 출신 학자 다카하시 시세키(高橋子績)가 1765년에 펴낸 『오슈 남부 봉역지(奧州南部封域志)』나 『북문고사(北門古史)』에는 요시츠네와 용모나 안색이 똑같은 스기메타로 유키노부가 주군(후지와라 야스히로)의 명에 따라 충의를 발휘하여 죽기로 했다고 적혀 있다.

이밖에도 요시츠네와 동명이인이 두 세 명 더 있어 요시츠네의 '가게무샤' 후보자는 충분하다고 한다.

그리고 에도시대 초기의 미토(水戶 : 지금의 이바라기현) 번주인 도쿠가와 미츠쿠니(德川光圀)가 편찬한 『대일본사』에서도 '요시츠

▲ 요시츠네 최후의 땅 다카다치 기케이도

▲ 기케이도

▲ 요시츠네 공양탑

네의 목'의 진위에 의문을 표하며 생존가능성을 언급하였으며, 에도 중기의 유학자이자 정치가인 아라이 하쿠세키(新井白石)도 이 설을 지지했다.

　이러한 여러 가지 의심스러운 정황 때문에 요시츠네가 고로모가 와에서 죽은 것이 아니고, 살아서 북쪽으로 올라가 츠가루(津輕)해 협을 건너 홋카이도 방면으로 도망쳤다는 '요시츠네 북행전설'이 태어났다.

요시츠네의 북행설

　이처럼 고로모가와에서의 요시츠네의 죽음에 대해서는 오래 전 부터 이를 부정하는 '요시츠네 생존설'이 있으며, 특히 동북지방 의 이와테, 아오모리에는 요시츠네 관련 전설 및 유적, 유물이 많이 있다.

그중 하나가 가메이 문서(龜井文書)라는 것이다. 분지(文治) 4년 (1188) 4월 18일에 작성되었다고 하는 양미차용서(糧米借用書)다. 요시츠네의 가신 가메이 시게키요(龜井重淸)가 히라이즈미 근처에 사는 농민 소헤이(惣平)에게 써준 '아이누의 땅(蝦夷地)'으로 건너가기 위해 필요한 양곡의 차용증서다. 이 차용증서에는 미나모토 요시츠네와 그와 가장 가까운 가신인 무사시보 벤케이(武藏坊弁慶)의 이름도 써있다.

이를 뒷받침하는 고문서도 있다고 한다. 이와테현 시모헤이군(下閉伊郡) 세키구치(關口)라는 마을의 사토가(佐藤家)의 선조인 사토

▲ 히라이즈미 츄손지(中尊寺) 앞에 있는 무사시보 벤케이의 묘

노부마사(佐藤信政)가 요시츠네 일행의 안내역을 맡았다는 내용의 고문서가 있는데, 날짜가 분지 4년(1188) 9월로 되어 있다.

이것이 사실이라면 요시츠네는 '고로모가와 전투' 보다 1년 전에 북행을 시작했다는 말이 된다. 아니 '고로모가와 전투' 자체가 없었거나 요시츠네 없이 야스히라 혼자서 남의 시체 갖다 놓고 불지르며 연극을 했다는 말이다.

히라이즈미를 출발한 요시츠네 일행은 에사시(江刺), 도오노(遠野), 가마이시(釜石)를 거쳐 미야코(宮古)로 나왔다고 한다. 미야코에서는 배를 타고 하치노헤(八戸)로 직접 갔다는 수행설(水行說)과 구지(久慈)를 거쳐갔다는 육행설(陸行說)로 나뉜다.

이윽고 요시츠네 일행은 에조(蝦夷 : 홋카이도)를 눈 앞에 둔 츠가루(津輕)반도의 민마야(三廏)에 도착했다. 그러나 파도가 너무 심해 바다를 건널 수 없었다. 요시츠네가 관세음보살상을 해변의 바위 위에 올려놓고 3일 밤낮을 기도하자, 백발의 노인이 나타나 해안동굴에 세 필의 용마가 있음을 알려주었다고 한다.

이리하여 요시츠네 일행은 용마를 타고 무사히 에조로 건너갈 수 있었다고 한다. 그후 요시츠네가 세 마리의 용마를 탄 곳을 민마야(三馬屋, 현재는 三廏)라고 이름지었으며, 당시의 관세음보살상을 모신 곳에 기케이지(義經寺)라는 절이 서 있다.

그러므로 홋카이도에도 요시츠네 관련 유적지로 비라토리(平取)의 요시츠네 신사(義經神社)를 비롯해 60여 개소가 산재되어 있다. 츠가루 반도의 민마야를 출발한 요시츠네 일행이 최초로 도착한 홋

▲ 쥬손지(中尊寺)

카이도 지역은 하코다테(函館)라고도 하고, 마쓰마에(松前)라고도
한다.

아이누족(홋카이도, 사할린, 쿠릴열도 등에 주로 사는 일본의 원
주민족. 에조 또는 에미시라고도 함)의 전승에 의하면, 요시츠네가
대륙으로 건너가기 전에 홋카이도내 각지를 돌며 다수의 아이누 용
사(勇士)와 지자(智者)를 모아 데리고 갔다고 한다.

요시츠네 일행은 홋카이도에서의 요시츠네 전설의 최후의 현장
인 서해안 마시케(增毛)의 '요시츠네 동굴'에서 최종준비를 마치고
배를 탔다 한다. 그리고는 가라후토(樺太 : 사할린)를 거쳐 마미야 해

협을 건너 지금의 러시아 땅인 니콜라예프스크(Nikolajevsk)에 도착, 대륙진출을 하게 되었다는 것이다.

요시츠네의 대륙진출설

아이누의 전설에 이러한 이야기가 있다고 한다.

옛날에 '혼칸' 님이 가라후토에 쳐들어가 아이누에 적대하는 추장(酋長)을 죽이고, 우리 선조가 왕래한 해로를 따라 대하(大河)가 있는 '쿠루무세국'으로 갔다.

여기서 '혼칸'은 미나모토 요시츠네의 다른 이름인 구로한간 요시츠네(九郎判官義經)에서 한간(判官)의 음이 변한 것이며, 대하는 아무르강(흑룡강), '쿠루무세국'은 현재의 중국 동북부로부터 시베리아에 걸친 지역이라고 한다.

아무튼 요시츠네 군단은 사할린으로부터 아무르강 하구 니콜라예프스키로 건너가 강을 따라 상류로 거슬러 하바로프스크(Chabarovsk)에 이르고, 다시 우수리강을 따라 남하하며 블라디보스토크(Vladivostok), 나홋카(Nachodka), 우수리스크(Ussurijsk)를 경유, 흥안령(興安嶺)에 본거지를 두고 서서히 서진했다고 한다.

블라디보스토크의 동북방 약 120km에 스챵이라는 도시가 있는데, 현재는 러시아 영토이지만 일찍이 중국이 지배했을 때 한자로

'소성(蘇城)'이라고 표기했으며, 이 지명의 유래는 다음과 같다.

> 옛날에 '이폰'의 무장(武將)이 본국의 난을 피하여 이곳에 와서 성을 쌓 았는데, 그 무장이 이곳에서 소생(蘇生)하였다는 의미로 '소성'이라고 부르 게 되었다.

여기에서 이폰은 '닛폰(日本)'의 발음이 변한 것이라고 한다.

그뿐만이 아니다. 같은 연해주(沿海州) 도시인 나홋카에는 겐지 가문의 문장인 '사사린도(笹龍膽 : 잎이 넓은 용담)' 문양이 장식된 건물이 있다. 이는 요시츠네나 그 일족의 후손이 서아시아 지방으로 부터 선조의 연고지인 연해주로 이주한 때문이라고 한다.

또한 우수리스크에는 일제강점기 때 이곳에 거주한 일본인들이 '요시츠네 공원'이라고 부르는 작은 공원이 있었다고 한다. 공원 내에는 오래된 석비가 있었는데(지금은 하바로프스크 박물관으로 옮겨졌다 함), 비면은 풍화작용으로 마모되어 거의 읽을 수 없었으 나 사사린도 문양과 '義'라는 글자 하나만 겨우 읽을 수 있었다고 한다. 현지 일본인들은 이 비를 '요시츠네공의 비'라고 불렀다고 한다.

이와 같은 요시츠네 관련 유적이나 전승을 보면 적어도 미나모토 요시츠네가 연해주에 발자취를 남긴 것은 틀림없다는 것이다. 위에 서 언급한 스챵에는 또 "소성(蘇城)을 세운 '이폰'의 무장은 딸에게 성을 맡기고 중국 본토로 진격하여 강대한 나라를 세우고 대왕이 되었다"는 전승도 남아 있다고 한다.

이제 '요시츠네 = 징기스칸' 설의 등장이다.

미나모토 요시츠네 = 징기스칸 설

미나모토 요시츠네는 헤이지(平治) 원년 즉 1159년에 태어났다는 것이 정설이다. 이에 반해 징기스칸은 1155년, 1162년, 1167년 등 여러 가지 설이 있다. 그러므로 징기스칸이 태어나서 몽골제국의 칸으로 즉위하기까지의 경력이 애매모호하다는 것이다. 다만 징기스칸이 미나모토 요시츠네와 거의 동시대 인물임은 틀림없다.

몽골의 역사를 최초로 기록한 책이 『원조비사(元朝秘史)』다. 이책은 저자를 알 수 없다. 다만 13세기 경에 쓰여졌으며, 조상설화, 각부족의 발생설화 및 징기스칸을 중심으로 한 부족투쟁사와 구비 전승문학(口碑傳承文學 : 설화, 민요, 수수께끼같이 문자의 힘을 빌리지 않고 말로 전승되어 온 문학)까지 기록된 귀중한 역사서다.

그런데 요시츠네=징기스칸설 주장자들은 이 『원조비사』라는 책의 제목이 수상하다는 것이다. 「원조사(元朝史)」든지, 아니면 간단하게 「원사(元史)」라고 하면 될 것을 왜 비밀스러운 '비(秘)' 자를 사용했냐는 것이다. 분명히 남에게 알릴 수 없는 비밀이 숨겨져 있다는 것이다.

『원조비사』 및 몽골사서에 의하면 징기스칸의 아버지 이름은 에조가이(또는 에스게이, 에스가이) 바아토르, 어머니는 호에룬 이케

(또는 에케)이며, 에조가이는 니론(또는 니룬)족의 계보에 연결되는 귀족인 캬토족 출신이다.

　여기에서 에조가이는 요시츠네가 건넌 바다, 즉 에조카이(蝦夷海 : 에조지방의 바다라는 뜻)를 말하며, 이케는 다이라노 기요모리의 양모인 이케노 젠니를 의미한다고 한다. 이케노 젠니는 헤이지의 난 후 기요모리를 설득하여 요시츠네 형제의 목숨을 구해준 여성이다. 더구나 징기스칸은 자기 어머니에게 센이 태후(宣懿太后)의 시호를 붙였다. 즉 '호에룬 이케 센이'는 '이케노 젠니'에서 따온 이름이라는 것이다. 그리고 니론은 니혼(日本), 캬토는 교토(京都)에서 온 말이라고 한다.

　징기스칸이 사실은 몽골족이 아니라는 증언도 있다. 『원조비사』에 보면, 당시 테무진(징기스칸)과 적대하고 있던 무장 쟈무카가 테무진과 동맹관계에 있던 케레이트족의 옹칸에게 다음과 같이 말했다.

　　우리(쟈무카와 옹칸)는 백령작(白翎雀 : 참새)이지만 테무진은 홍안(鴻雁 : 기러기)이다. 백령작은 여름 겨울에 관계없이 이곳 북국(北國)에 남아있으나 철새인 홍안은 추워지면 따뜻한 남쪽나라로 날아간다.

　이처럼 테무진을 철새인 기러기에 비유한 것은 테무진이 몽골족이 아닌 이민족 출신이기 때문이라는 것이다. 징기스칸이 이민족이었다는 증거는 또 있다.

일반적으로는 징기스칸은 문맹이었다는 것이 정설이다. 그러나 이상하게도 몽골문자를 읽거나 쓰고는 할 수 없었지만, 한자는 해독할 수 있었다고 한다. 징기스칸이 1222년 서정(西征)시 힌두쿠시 산맥에서 장춘진인(長春眞人)이란 승려를 만났을 때 장춘진인의 이야기를 기록하게 하였는데, 몽골문자가 아닌 '한자'로 적었다고 한다.

또한 징기스칸은 임종시 다음과 같은 수수께끼의 유언을 했다고 한다.

> 내가 이 천명(天命)을 받았다면 지금 죽더라도 후회는 없다. 다만 고산(故山 : 고향의 산)에 돌아갈 수만 있다면…

여기에서 고산이란 태어나서 자란 고향의 산, 즉 일본에의 망향에 젖은 발언으로 징기스칸이 몽골인이 아니었다는 유력한 증거라고 한다.

미나모토 요시츠네와 징기스칸의 공통점

1206년 징기스칸 즉위시의 모습을 『원조비사』는 다음과 같이 기록하고 있다.

> 호랑이 해(1206년)에 오논 강변에 모여 구류(九旒)의 백기(白旗)를 세우고 테무진에게 칸(汗)의 칭호를 주었다.

구류의 '구(九)'는 구로한간요시츠네('九'郎判官義經)와 통하며, '백기(白旗)'는 헤이케의 적기(赤旗)에 대한 겐지를 상징하는 흰색 깃발이다.

　징기스칸은 항상 '9'와 '흰색'을 좋아했다고 한다. 부르칸이라는 무장이 징기스칸에게 항복했을 때, 금은 접시를 각 9개, 남자아이와 여자아이를 각 9명, 준마와 낙타를 각 9마리씩 바쳤다. 또한 궁정복(宮廷服)과 제복(祭服)을 흰색으로 통일하였다.

　징기스칸은 병사들의 불요불굴의 무인정신 함양을 목적으로 자주 몰이사냥을 열었다. 몰이사냥은 일본에서도 요시츠네 시대부터 가마쿠라 시대 전반에 걸쳐 후지산 기슭 등에서 빈번히 행해졌다.

　징기스칸은 또한 오늘날 일본의 국기라고 할 수 있는 스모(相撲)의 원조인 씨름을 좋아하고 녹차를 즐겨 마셨다고 한다. 일본의 스모는 원래 몽골을 비롯한 유목민족의 씨름이 우리나라를 거쳐 전래된 것이다. 또한 몽골인은 대체로 녹차를 좋아하는데, 이러한 기호는 징기스칸 시대부터 시작되었다고 하며, 일본에서 녹차가 널리 마시게 된 것도 요시츠네 시대 이후라고 한다.

　두 사람의 술에 대한 기호도 동일하다. 징기스칸은 술을 안마셨고, 술을 좋아하는 신하를 보면 술은 이성을 잃게 한다며 항상 훈계했다고 한다. 요시츠네 역시 술을 전혀 마시지 않았다.

　징기스칸과 요시츠네의 전법도 비슷하다고 한다. 징기스칸은 기습전법을 장기로 했으며, 요시츠네도 이치노타니 전투와 야시마 전투에서 기습책을 써서 대승리를 거두었다.

미나모토 요시츠네와 징기스칸의 이름이 같다는 주장도 있다. 미나모토 요시츠네의 한자 이름인 원의경(源義經)을 소리나는대로 읽으면 겐-기-케이(gen-gi-kei)인데, 이 겐-기-케이가 징기스(Ginghis)로 변한 것이라고 한다. 몽골어에서는 '게' '기' '지'의 발음은 거의 구별할 수 없다고 한다. 어떤 몽골인에게 '겐-기-케이-칸'을 자연스럽게 여러 가지로 발음해 보도록 했더니 '칭-기-세에-한'으로 징기스칸의 발음과 흡사하게 되었다고도 한다.

징기스칸이 겐지의 문장인 '사사린도'를 사용했다는 결정적인 증거도 있다. 영국의 대영박물관에 소장되어 있는 징기스칸의 조각상 의복에는 '사사린도' 문양이 새겨져 있고, 몽골군 투구에도 상하가 거꾸로 된 모양이긴 하지만 역시 '사사린도' 문양이 그려져 있다고 한다.

사료를 통한 요시츠네 = 징기스칸설의 입증

지금까지 살펴본 내용만 갖고도 징기스칸은 일본의 무장 미나모토 요시츠네가 변신하여 1인2역을 한 것이 아닐까 하는 생각이 들 정도다. 그러나 여기에서 그치지 않는다. 요시츠네=징기스칸설 주창자들은 더욱 강력한 증거들을 일본인이 아닌 제3자의 자료나 사료를 통해 입증하려고 한다.

먼저 징기스칸과 요시츠네가 동일인물이라면 그 용모나 체형이 똑같아야 할 것이다. 징기스칸은 신장이 거대하고 용모는 괴위(魁

偉: 얼굴이나 체격이 유난히 우람짐)했다는 것이 통설이다. 그러나 요시츠네는 『겐페이성쇠기(源平盛衰記)』에 의하면, "피부가 희고 키가 작다. 용모는 우미(優美)하고…"라고 묘사되어 있으며, 오늘날 전해지는 초상화를 보더라도 여자처럼 예쁜 얼굴이다.

그렇다면 엄청난 모순이 아닌가! 징기스칸=요시츠네설은 그대로 붕괴되는 것이 아닌가. 그러나 그들은 또 찾아냈다. 문제 해결의 실마리를. 몽골의 역사학자 도루지가 저술한 『징기스칸전』에 매우 주목할 만한 다음과 같은 구절이 있다고 한다.

주군(主君 : 징기스칸) 붕어시(崩御時) 옥체 점차 축소되고…

▲ 요시츠네

기괴하게도 징기스칸이 죽었을 때 그 유체가 점차 줄어들었다는 것이다. 물론 의학적으로 그런 일은 있을 수 없다. 징기스칸은 여름철에는 반드시 발쥬나 호반(湖畔)으로 피서를 가서 측근 이외에는 결코 자기 모습을 보이지 않았다고 한다. 이러한 기묘한 행동은 징기스칸의 용모나 체형에 측근 이외의 사람들에게는 알리고 싶지 않은 비밀이 있기 때문이라는 것이다.

그러므로 징기스칸 = 요시츠네설의 열렬 주창자 오야베 젠이치로는 『징기스칸은 미나모토 요시츠네』라는 책에서 다음과 같이 추리한다.

> 징기스칸은 백성들에게 위엄을 보이기 위해 항상 몸에 두터운 의복을 걸쳐 비대하게 치장하고, 장화의 밑바닥을 높게 하여 신장을 크게 하고, 의복의 복부에 솜을 넣어 배가 튀어나온 장정을 가장하고 …

징기스칸=요시츠네설을 주장하는 것은 일본인만이 아니다. 에도 시대 말기 큐슈 나가사키 오란다(네덜란드) 상관(商館)의 의사로서 일본에 온 씨볼트가 외국인으로서는 처음으로 이 설을 제기했었다.

그에 의하면, 징기스칸의 칸(汗)은 테무진 이전에는 없었던 칭호이며, 이는 일본어의 '카미(신[神] 또는 군주[上])'가 변한 것이라고 한다. 또한 몽골 궁정의 풍속, 습관 중에서 일본 황실과 비슷한 것이 많다고 한다. 예를 들면 궁정복이나 제복(祭服) 모두 흰색을 중요시하고, 천막(天幕)을 뜻하는 '시라올다'의 '시라'는 일본어의 희다는 뜻의 시라(白)와 같다고 한다.

원(元)·청(淸)의 일본유래설

원조(元朝)의 역사는 약 100여 년만에 끝나고 주원장(朱元璋)이 세운 명조(明朝)로 바뀌었다. 명조는 그후 17세기 중엽 만주족의 청조(淸朝)로 되어 270여년의 치세를 기록한다. 청조 말 청국 주재 영국공사 데이비스가 쓴 『청국총록(淸國總錄)』이라는 책 속에 이런 구절이 있다고 한다.

징기스칸의 손자 쿠빌라이(忽必烈)의 자손은 명조(明朝) 때문에 쫓겨나 몽골의 고지(故地) 및 만주로 도망가 추장의 딸과 결혼하여 여러 공자(公子)를 낳았다. 그들은 북방지역에 할거하며 위세를 떨치고, 후에 힘을 합쳐 명조를 멸하고 국호를 청(淸)이라 하였다. 청제(淸帝)를 징기스칸의 손자 쿠빌라이의 후예라고 하는 것은 아마 이 때문일 것이다.

미나모토 요시츠네는 제56대 세이와 천황(淸和天皇)의 10대손으로, 세이와 천황의 손자 미나모토 츠네모토(源經基)가 세이와 겐지(淸和源氏)의 시조가 된다. 원(元)의 국호는 '미나모토'의 원(源)에서 왔다고 한다. 元과 源은 일본어 발음으로는 '겐', 우리말로도 '원'으로 발음이 같다. 마찬가지로 청(淸)의 국호는 세이와(淸和)의 세이(淸)에서 따온 것이라고 한다.

청조시대 북경(베이징)의 궁전에는 태화전(太和殿), 보화전(保和殿), 중화전(中和殿), 협화문(協和門) 등 유난히 화(和)라는 글자가 붙은 건물이 많았다고 한다. 옛날부터 야마토(大和) 정권, 야마토(大和) 민족, 에이와 사전(英和辭典), 와에이 사전(和英辭典) 할 때의 '和'란 글자는 일본을 의미한다.

그런데 원세개(袁世凱)가 제1차 중국혁명에 성공하여 초대 대총통의 자리에 오르자 그는 먼저 위 궁전의 이름을 바꾸었다고 한다. 태화전을 승운전(承運殿), 보화전을 건극전(建極殿), 중화전을 체원전(體元殿), 협화문을 경문문(經文門)으로 바꾸었는데, 이는 정치적 의도가 있어서라고 한다. 즉 청조의 황제나 원세개 모두 '和'라는 일본을 상징하는 글자에 상당히 집착했으며, 이야말로 징기스칸=요시츠네설의 방증이라는 것이다.

징기스칸 = 요시츠네설의 배경

징기스칸=요시츠네설이 성립하려면 우선 미나모토 요시츠네가 히라이즈미의 고로모가와 전투에서 죽지 않고 살아있어야만 한다. 즉 후지와라 야스히라와 요시츠네가 서로 각본을 짜서 연기를 했어야 한다. 그러나 둘이 사전에 손을 잡고 연극을 한 가능성은 거의 없다.

고로모가와 전투(1189년 윤 4월 30일)보다 3개월 전인 1189년 2월 야스히라는 요시츠네를 지지하는 막내동생 요리히라(賴衡)를, 동년 6월 6일에는 또다른 동생 다다히라(忠衡)까지 죽인다. 요시츠네와 짜고 연극을 하려 했다면 두 동생까지 죽일 필요는 없었을 것이다.

'요시츠네 생존설'은 그의 사후 얼마되지 않아서부터 만들어지기 시작하여 『헤이케 이야기』 및 『겐페이 성쇠기』 등의 군기물(軍記物) 속에서 그려지고, 무로마치 시대(室町時代) 중기에 『기케이키』로서 집대성되어 비극의 영웅 요시츠네상(像)이 완성되었다. 절세의 여인들과의 애절한 사랑, 젊고 미남인 군사적 천재에 대한 공감, 또한 형제간의 불화로 인한 몰락이라고 하는 비극의 주인공에 대한 연민과 동정으로 생겨난 이야기인 것이다.

17세기 후반의 겐로쿠(元禄)시대 이후 도호쿠(東北) 지방에 발생한 센다이 죠루리(仙臺淨瑠璃 : 일본의 가면음악극 대사를 음곡에 맞추어 낭독하는 옛이야기)의 음유시인(吟遊詩人)들이 민중의 마음 속에 존재하는 영웅불사 또는 부활의 희망에 편승하여 허구의 이야기를 만들어내고, 이에 따라 가공의 유물이나 유적까지 만들어지게 된 것이다. 그러므로 그들이 이동하는 코스대로 요시츠네의 북행 경로가 만들어진 것이다.

또한 당시의 위정자들은 이를 정치적 목적으로 이용하였다. 원래 홋카이도의 원주민인 아이누족은 정복민족인 왜인(倭人)에 대한 저항감이 컸다. 샤쿠샤인(沙牟奢允 : 에도시대 전기 홋카이도 히다카[日高] 지방 시부챠리[靜內町] 아이누의 추장. 1669년 마츠마에번[松前藩]의 교역독점 강화에 반대하는 아이누를 이끌고 홋카이도 각지에서 상선을 습격하고 마츠마에를 공격하려다 모살됨)의 영웅적인 투쟁은 아이누족의 자랑이었다. 이러한 아이누들에게 '요시츠네 전설'이 민족동화정책의 일환으로 교묘하게 활용 된 것이다.

메이지 시대가 되자 '요시츠네 생존설' 및 '북행설'이 발전하여 마침내 요시츠네가 대륙으로 건너가 몽골제국의 시조 징기스칸이 되었다는 설이 등장하게 된다.

메이지 정부에서 체신대신(장관) 및 내무대신을 역임한 스에마츠 겐쵸(末松謙澄)가 그중 하나다. 스에마츠는 바로 우리 민족에게는 잊을래야 잊을수 없는 이토 히로부미의 사위이기도 하다.

그는 영국의 케임브리지 대학 유학 시절 구미제국에 일본 문화의 우수성을 과시하기 위하여 일본이 자랑하는 천 여년 전에 쓰여진 장편소설 『겐지 모노가타리(源氏物語)』를 번역 소개한 적이 있다. 그는 요시츠네가 대륙으로 진출하였다는 내용의 논문 ―「대정복자 징기스칸은 일본의 영웅 요시츠네와 동일인」― 을 그리피스(Griffith)라는 영국인을 가장하여 익명으로 발표하였다. 여기에 징기스칸으로부터 청태조까지의 계도를 첨부하여 번역, 1885년에 일본에 소개된 책이 『요시츠네 재흥기(義經再興記)』이다.

그후 직접 몽골을 탐험하여 스에마츠의 주장을 더욱 발전시킨 것이 오야베 젠이치로라는 자다. 일ㆍ유 동조론으로 유명한 오야베가 『징기스칸은 미나모토 요시츠네』(1924)와 『만주와 미나모토 요시츠네』(1933)라는 책을 통해 징기스칸=요시츠네설을 주장한 것이다. 오야베 역시 일본인의 위대함과 아시아 공동체의 가능성을 주장하고 싶었던 것이다.

이러한 오야베 젠이치로의 주장을 오가와 슈메이(大川周明: 야마가타현 출신 국가주의자. 5ㆍ15 사건 참여. A급 전범)와 아마카스 마

사히코(甘粕正彦 : 동경헌병대장. 1923년 관동대지진 때 무정부주의
자 오스기 사카에, 이토 노에 살해)가 지지했다.

이들만이 아니다. 오야베가 육군 통역관으로서 징기스칸의 유적
을 조사할 때 관동군은 그를 적극적으로 도와주었다. '요시츠네=징
기스칸설'을 대륙침략을 위한 역사적 근거로 만들기 위해 앞에서 언
급한 유적들을 날조해 낸 것이다. 이처럼 이들이 오야베의 주장을
지지한 것은 '징기스칸=요시츠네설'을 통해 만주를 비롯한 대륙침
략의 정당화 및 국위선양을 목적으로 한 불순한 정치적 의도가 숨어
있었던 것이다.

일본제국주의자들은 1931년에 만주사변을 일으키고, 이듬해인
1932년에는 청조의 마지막 황제 부의(溥儀)를 내세워 만주국 건국선
언을 하였다. 그러나 만주국은 괴뢰정권으로서 실질적으로는 일본
의 군부 및 관료가 지배하였다.

그러나 따지고 보면 미나모토(源) 가문의 선조는 신라계이며, 라
이벌 가문인 다이라씨(平氏)는 백제계인 50대 환무천황(桓武天皇)
의 후손이므로 결국 일본에서의 '겐페이(源平)의 대결'은 신라와 백
제 후손의 대결이었던 것이다.

7

피라미드의 원조는 일본

이집트의 피라미드

흔히 피라미드하면 '기자의 피라미드'가 있는 이집트를 떠올릴 것이다. 그러나 피라미드는 이집트만의 전유물이 아니다. 멕시코를 비롯한 중남미의 마야, 잉카 문명에도 피라미드가 있으며, 그밖에도 규모는 작지만 수단, 이디오피아, 그리스, 이탈리아, 인도 및 중국 등지에도 존재한다.

기원전 2세기 중엽 그리스의 역사가 필론(Philon)은 '세계의 7대 불가사의(不可思議)'를 선정했다. 인류의 선조들이 만든 건조물 중 해명할 수 없는 수수께끼를 간직한 7가지가 선정되었으나, 현재까지 남아있는 것은 '기자의 피라미드' 뿐이다.

'기자의 피라미드'는 보통 쿠푸(Khufu : 케오프스), 카프레(Khafre :

케프렌), 멘카우레(Menkaure : 미케리노스) 왕 3기의 대표적인 피라미드를 말한다. 그중 최대 규모의 것은 쿠푸왕의 피라미드다. 정사각형의 밑변 하나의 길이가 230미터, 현재는 꼭대기 부분이 없어졌지만 건립시의 높이는 147미터이며, 평균 2.5톤의 석회암이 적어도 230만 개 이상 사용되었다고 한다. 이집트 학자들의 견해로는 10만 명의 인원이 20년 동안 투입되었을 것이라고 한다.

피라미드의 각변은 동서남북의 네 방향을 정확히 가리킨다. 그리고 그 유명한 사자의 몸에 인간의 얼굴을 한 스핑크스가 피라미드를 지키듯이 동쪽을 바라보며 앉아 있다. 이집트에는 현재 크고 작은 피라미드가 80여 기 정도 남아 있다.

이집트의 피라미드는 기원전 3천년 경 제 3왕조 시대부터 만들어졌다. 피라미드는 일반적으로 이집트의 왕(파라오 : Pharaoh)의 무덤으로 알려지고 있으나 확실한 것은 아니다. 왜냐하면 피라미드 내부에서 석관만 발견되었을 뿐, 파라오의 미이라는 아직 발견되지 않았기 때문이다.

사실 쿠푸왕의 무덤으로 알려진 대 피라미드(Great Pyramid)도 실제 쿠푸왕의 무덤이라는 확실한 증거는 없다. 1837년 영국 육군 대령 리차드 바이스가 피라미드 발굴시 발견한 내부의 석벽에 붉은 안료(顔料)로 표시된 쿠푸왕의 서명 때문에 그렇게 알려진 것뿐이다. 그러나 최근에는 그 서명이 쿠푸왕의 것이 아니고 태양신 '라'의 기호라든가, 바이스 대령이 서명을 조작했다는 주장도 있다.

카프레나 멘카우레의 피라미드 역시 마찬가지다. 당시의 이집트

풍습으로는 건조물에 반드시 왕의 이름을 새겨놓는데, 이들 피라미드에 왕의 이름을 알 수 있는 직접 증거가 없다.

당시의 이집트인들은 상형문자(象形文字)를 사용하고 있었는데, 피라미드는 집 모양의 글자로 표현했으며, 우르·슈메르어로는 '아부 마알'이라 부르고 있었다. '피라미드'라는 명칭은 기원전 10세기 그리스어 '피리미도스'가 이집트에 역수입되어 '피리밋트'라는 콥트어로 되고, 다시 라틴어의 '피라미스'가 생기고, 최종적으로 영어 '피라미드(Pyramid)'까지 변화한 것이다.

우르·슈메르어 '아부 마알'이란 높은 신전 위의 남조신(男祖神)이 신처(神妻 : 무녀)와 성행위를 하는 침전(寢殿)의 이름이며, 꼭대기 부분만은 '갓산 하라'라고 해서 '천신(天神)과 결합하는 곳'을 의미했다. 즉 피라미드는 신성한 태양신과 교합하여 신탁을 받는 특별한 침전이었다.

그런데 참으로 황당하게도 '태양신의 침전'이든 '파라오의 무덤'이든 이러한 이집트의 피라미드가 6천년 전 일본인들의 '기술지도'로 만들어졌다는 것이다.

일본의 피라미드?

1934년 5월 히로시마현(廣島縣) 히바군(比婆郡) 모토무라(本村 : 현재의 쇼바라시[庄原市])라는 산골 마을에 작은 소동이 벌어졌다. 멀리 도쿄에서 왔다는 사카이 가츠도키(酒井勝軍)라고 하는 수수께

◀ 일본 피라미드 안내판

◀ 아시다케산 피라미드
정상임을 알리는 안내판

◀ 아시다케산 피라미드
정상앞에 보이는 돌들이
열석의 일부라고 함

끼의 인물이 마을 동북쪽 아시다케산(葦嶽山)에서 피라미드를 발견했다는 것이다.

촌장을 비롯한 인근의 유지들과 그 지방의 「츄고쿠신문(中國新聞)」 지국장 등 100여 명의 입회 하에 발굴을 한 결과, 사카이 가츠도키에 의해 '일본의 피라미드 제1호'가 된 아시다케산이 2만 3천 년전에 건조된 '태고의 신전'이며, 이집트 '기자 피라미드'의 원형임이 입증되었다는 것이다.

아시다케산에서는 높이 8미터, 무게 100톤이 넘는 경석(鏡石)과 열석(列石)의 일부로 보이는 거석이 관목 속에서 잇달아 발견되었고, 가장 중요한 태양석(太陽石)도 정상 부근의 땅속에서 발굴되었다고 한다.

이어 '히로시마에서 2만 년 전의 피라미드 발견'이라는 빅 뉴스가 「츄고쿠 신문」을 비롯해 전국의 신문에 보도되자, 인구 수천의 산간마을은 밀려드는 관광객 때문에 임시찻집도 만들고, 그림엽서도 발행하기도 하여 때아닌 호황을 누리게 되었다. 마을로서도 생각지도 않은 수입원이 생겨 좋아했으나 기쁨도 잠시, 방해하는 움직임이 나타났다.

일본 제1호 피라미드라는 아시다케산을 발견한 후 사카이 가츠도키는 『다케우치 문서』 등 고문서를 근거로 피라미드를 계속 발굴하여, 이를 『태고(太古) 일본의 피라미드』라는 책으로 엮어 발표했다. 그러나 정부당국은 이 책을 발매금지 처분해 버린다.

다시 아시다케산은 폐쇄되고, 관리들에 의해 태양석이 파괴되고

▲ 아시다케산　　　　　　　　　　　　　▲ 아시다케산 大石柱(神武岩)

피라미드를 입증할 증거가 될 여러 개의 거석이 계곡 밑으로 버려졌다고 한다. 이윽고 중일전쟁 및 제 2차대전 등 계속되는 전쟁으로 사람들의 뇌리에서 피라미드의 기억은 흐려지고 만다.

그로부터 반세기가 지난 1984년 7월부터 이듬해 3월에 걸쳐, 주간지 「선데이 마이니치(每日)」가 편성한 각 분야의 전문가들로 구성된 조사그룹에 의해 '대추적! 일본에 피라미드가 있었다' 는, 아시다케산 및 나가노현(長野縣) 미나카미산(皆神山)의 과학적인 조사와 심포지움 등 대대적인 기획 프로그램으로 다시 전국적인 화제를 불러 모았다.

지금까지 일본에서 피라미드로 지목된 산은 북으로는 도호쿠(東北) 지방으로부터 시코쿠(四國), 큐슈 등 전국에 널려 있다. 그 중 일부를 살펴보면, '그리스도의 무덤' 으로 유명한 아오모리현의 대석신(大石神) 피라미드와 도와리산(十和利山), 이와테현의 하야치네

(早池峯), 야마토 삼산(大和三山)인 우네비야마(畝傍山), 아마노가구
야마(天香久山), 미미나시야마(耳成山), 록코산계(六甲山系)의 긴쵸
산(金鳥山), 시코쿠의 츠루기야마(劍山) 및 도야마현(富山縣)의 돈가
리야마(尖山) 등이 있다.

사카이 가츠도키의 경력

사카이 가츠도키는 1873년 야마가타현(山形縣)의 무사 가문에서
태어났다. 사카이는 일찌기 중학교 시절 교사의 영향으로 세례를 받
고, 16세 때 센다이(仙臺) 신학교(현재의 東北學院)에 입학하였다. 센
다이 신학교를 졸업한 그는 1898년에 도미하여 시카고 무디학원, 시
카고 음악대학에서 공부하고, 1902년 귀국하여 기독교계에 새 바람
을 불러 일으키는 활동적인 목사로서 두각을 나타내었다.

그는 미국에서 귀국한 이듬해인 1903년 '동경창가(唱歌)학교'를
설립하고, 1906년부터는 「찬미지우(讚美之友)」라는 월간지를 발행
하여 찬미가(찬송가) 선교에 노력한다. 오늘날에야 교회 활동에 찬
송가는 물론 성가대도 빼놓을 수 없는 일이지만, 당시로서는 진보적
인 기독교인도 남자가 노래부르는 것을 어딘지 모르게 여자처럼 연
약하다고 생각하는 풍조여서 사카이의 활동은 가히 선구적인 것이
었다.

그러나 그는 기독교 신앙의 근간인 '속죄(贖罪)사상'을 경시하는
경향이 있어, "천국은 무죄방면자 수용소가 아니다"고 주장하기도

하였다. 또한 '속죄사상'이란 예수가 전인류의 죄를 짊어지고 십자가에 매달렸는데, 이를 믿고 기독교 공동체(교회)에 귀속함으로써 죄가 해소된다는 것이라고 하였다. 그러므로 참 신앙은 인간 본위가 아닌 신 본위여야만 하고, 그러한 신앙 확립을 위해서는 적극적으로 신을 찬미해야 한다고 하였다.

사카이는 1914년 6월 7일 밤 가족과 함께 산책을 하다 밤하늘을 올려다보니, 둥근 달이 중천에 빛나고 달무리가 십자가 모양으로 달과 겹쳐보이는 체험을 했다고 한다. 그후 사카이는 둥근 원은 일본, 십자가는 기독교의 상징이므로, 세계대전과 인류 최후의 전쟁인 아마겟돈이 멀지 않았고, 일본 민족이 머지않아 메시아의 재림과 신정복고(神政復古)의 사명을 다할 것으로 확신하였다.

또한 그는 일본 민족과 유태민족 사이에 비밀스런 관계가 있음을 직감하고 대표적인 일 · 유 동조론자가 되었다. 1917년에는 탁월한 어학력 때문에 외국무관 접대계로 종군하며 시베리아 출병을 하게 된다. 같은 해 러시아 혁명에 대한 국제간섭의 일환으로 일본, 영국, 프랑스, 미국이 공동출병을 감행하였다. 명목상으로는 공산혁명의 파급을 저지하기 위한 것이라고 하나, 실상은 시베리아에서 고립된 백군 게릴라를 지원하기 위한 것이었다.

당시 시베리아 백군(白軍) 사이에서는 러시아 혁명을 유태인과 비밀결사 프리메이슨(Freemason)의 음모로 보고 있었다. 러시아 혁명의 공산당 주요 멤버 대부분이 유태인이었기 때문이다. 사카이는 급속히 유태인과 프리메이슨에 대한 연구에 몰두하여, 이스라엘사,

카발라(유태교의 신비주의 사상) 및 유럽의 마술적 오컬트 교단의 기원에까지 관심을 갖게 되었다.

1923 ~ 24년 사이에 사카이는 『유태의 세계정략(征略)운동』, 『유태민족의 대음모』 등의 책을 발간하였다. 이 책은 제목에서 풍기는 것처럼 반유태(反猶太)적이 아니고, 하늘로부터 받은 사명을 갖고 유태민족이 전세계를 뒤흔든 후, 일본 민족이 세계에 군림한다는 묵시록(默示錄)적 비전을 제시한 책이다.

사카이는 이러한 유태 관련 연구실적 덕분에 일본 육군참모본부의 의뢰로 1928년 마침 전세계적으로 일어나고 있는 시오니즘 (Zionism: 세계 각지에 흩어져 있던 유태인이 팔레스티나에 국가를 건설하려던 운동) 조사차 팔레스티나 지역으로 파견된다. 이 계획을 추진한 것은 육군 대령 야스에 노리히로이며, 사카이와 동행한 그는 후일 만주에 유태인의 독립국가를 건설하려던 '후구 계획'에 참여하게 된다.

사카이는 팔레스티나 파견기회를 이용, 이집트에도 상당 기간 체재하며 피라미드를 연구하였다. 귀국후 그는 급속히 일본의 초고대사 연구에 몰두, 갑자기 '피라미드 일본 발생설'을 주장하며, 가까운 장래에 일본에서 피라미드 유적이 발견될 것임을 주위 사람들에게 말했었다.

사카이의 피라미드 이론

사카이가 주장하는 피라미드는 이집트나 중남미의 것처럼 평지에 기초부터 돌을 쌓아올린 것이 아니었다. 그것은 삼각형이나 칸나비형(神南備型: 신이 자리잡고 있는 산의 의미)을 한 산의 정상에 신도(神道)에서 말하는 이와쿠라(磐座: 신이 깃드는 바위) 및 이와사카(磐境: 신이 있는 시설, 구역 즉 제단) 등의 거석을 배치한 것을 말한다.

곧 똑바른 삼각형의 산이면 자연 그대로의 산이거나 인공적으로 가공되었거나 상관없다는 것이다. 다만 산의 정상 부근에는 구형(球形)의 태양석과, 그것을 원형 또는 방형(方形)으로 둘러싼 열석(列石)이 존재해야 한다. 열석의 배치에 따라 단양내궁식(單樣內宮式), 단양외궁식(單樣外宮式), 복양내궁식(複樣內宮式), 복양외궁식(複樣外宮式) 네 종류가 있다고 한다.

▲ 아시다케산의 방위석

▲ 아시다케산의 경석

또한 일본의 피라미드에는 본전과는 별도로 요배(遙拜)하기 위한 배전시설이 따르는 경우가 많으며, 이는 대체로 본전을 마주하는 낮은 산을 이용한다. 이 배전에는 동서남북의 방위를 나타내는 방위석, 태양광을 반사하도록 표면을 연마한 경석(鏡石), 돌멘(Dolmen: 고인돌), 멘히르(Menhir: 입석, 선돌) 등이 있어야 한다.

사카이에 의하면 피라미드란 '신인(神人) 교통의 기관'이며 태양을 모시는 신전이라고 한다. 중심의 태양석과 그것을 둘러싼 열석은 태양의 위대한 에너지를 상징하며, 방위석은 일출과 일몰, 그리고 태양의 궤도를 계측하기 위한 것, 즉 일종의 천문대 역할도 겸한 것이라고 한다.

일본의 피라미드를 건조할 당시 일본 민족은 세계 각지를 식민지로 하여 전 지구를 지배하였다고 한다. 그러나 연이은 천재지변 때문에 각지의 문명이 파괴되고 식민자의 자손들이 각 지역마다 고립되어 버렸다는 것이다. 이집트 기자의 피라미드는 일본 식민자의 자손이 기원전 4천년 경 현지인을 지휘하여 만들었다고 한다.

그들은 나일강 상류로부터 석재를 운반해 와 사막 한가운데에 쌓아올려 피라미드를 건조했으며, 피라미드의 원형을 가능한 한 유지하도록 태양석과 열석을 상징하기 위하여 그 표면을 착색하고, 방위석을 두는 대신 피라미드의 네 밑변을 동서남북으로 배치했다고 한다.

또한 그들은 머나먼 동쪽에 있는 고향 일본을 사모하여 비밀을 간직한 스핑크스를 만들었기 때문에, 스핑크스의 시선을 똑바로 연장하면 그대로 일본열도와 만난다고 한다. 이집트 '기자의 피라미드'와 일본의 피라미드인 아시다케산이 위도상 겨우 4도밖에 차이가 안 나는 점도 결코 우연이 아니라는 것이다.

스핑크스의 시선에는 단순히 고향을 향한 동경(憧憬)뿐 아니라, 언젠가는 일본 민족이 다시 세계의 지배자가 될 것이라고 하는 의미가 감추어져 있다고 한다.

『다케우치 문서』와 초고대사

『다케우치 문서』란 지금으로부터 1500여 년 전에 다케우치노 스쿠네의 손자인 헤구리노 마토리(平群眞鳥)가 엣츄(越中 : 지금의 도야마현)의 황조황태신궁에 전해 내려오는 신대문자로 기록된 고문서를 한자 · 가나 혼용문으로 번역한 문서라 한다. 이 자료는 초고대로부터 남북조시대(1336 ~ 92)의 사료까지 포함한 방대한 내용으로 구성되어 있다.

『다케우치 문서』에 의하면 지금으로부터 수 십만 년 전 초고대의 일본열도는 지구의 배꼽으로서 세계 정치 · 문화의 중심지였다고 한다. 지금의 도야마현 오미진산(御皇城山)을 중심으로 한 히다(飛驒)의 노리쿠라(乘鞍) 일대야말로 일본신화에 나오는 다카마가하라(高天原 : 신들이 살고 있는 하늘나라)이며, 모든 인류를 위한 신사인 황조황태신궁이라고 하는 웅장한 신전도 있었다고 한다.

고대의 신들은 하늘을 초고속으로 날아가는 오늘날의 비행기나

우주선같은 아메노우키부네(天浮船)를 타고 세계를 순행했다고 한다. 또한 태고의 지구는 불안정하여 천재지변이 반복해서 일어나고, 그때마다 지배자들은 아메노우키부네를 타고 우주로 피난했다고 한다.

일본 민족은 원래 신과 가까운 종족이었으나 지상에 오랫동안 정착하게 되면서 오히려 퇴화되어 버렸다고 한다. 그리하여 원래 만 살까지 살 수 있던 인간의 수명도 줄어들었다고 한다.

『고사기』나 『일본서기』에 의하면, 일본의 역사시대는 초대 천황인 신무천황부터 시작된다고 되어 있다. 그러나 『다케우치 문서』에서는 신무천황 이전에 '우가야 후키아에즈 왕조' 72대, 그리고 그 이전에도 수십 대의 왕이 있었다고 주장한다.

여러 번에 걸쳐 지구에서 발생한 대재해 때문에 초고대 황금문명이 붕괴되었고, 이로 인해 일본도 일개 소국으로 전락해 버렸다는 것이다.

그후 세계의 여러 민족은 일본의 지배를 받았던 과거를 말살하기 위하여 고문서를 불태우고, 이리하여 초고대의 비밀은 역사의 저편으로 사라져 버렸다고 한다. 즉 알렉산더 대왕, 줄리우스 시저, 이슬람 제국 칼리프의 도서관 파괴 및 중국 진시황의 분서갱유(焚書坑儒) 등으로 전세계 태고의 기록의 대부분이 없어졌다고 한다.

그러나 가까스로 남은 문헌과 유물들을 보존하여 대대로 지켜온 것이 바로 일본의 '다케우치 일족'이라는 것이다.

사카이 가츠도키와 다케우치 기요마로의 만남

　다케우치 기요마로(竹內巨麿)가 만든 아마츠교(天津敎)의 주장에
의하면, 기요마로는 귀족의 사생아이며, 그밖에도 모친의 태내에 13
개월이나 있었고, 출생시 혜성이 나타났다는 등 세계적 종교 교조인
예수, 석가의 탄생과 비슷한 에피소드를 가지고 있다.

　그러나 이는 사실이 아니고, 다만 신흥종교 교주의 전형적인 자기
미화 스토리일 뿐이다. 기요마로는 1874년 도야마현(富山縣) 가미니
이카와군(上新川郡)에서 과부의 사생아로 태어났다. 그 때문에 그는
근처의 소작농 다케우치가에 양자로 들어가게 된다. 21세 되던 1894
년 7월에 상경한 기요마로는 석공(石工)의 집에서 기숙하며 견습으
로 일을 하는 한편, 일시적으로 교파신도(敎派神道) 계열의 신흥교
단인 온다케교(御嶽敎)에 들어가 종교활동을 개시한다.

　신도계의 신흥종교는 특히 국가주의, 일본지상주의(일본우월주
의)의 색채가 짙어서 '팔굉일우'(八紘一宇: 원래 온 세계가 한 집안
처럼 사이좋게 지내자는 이념이나 2차대전시 일본의 해외침략을 정
당화하기 위해 사용한 표어)의 기치 아래 해외 진출(침략)을 꿈꾸는
군부의 정신적인 지주가 될 수 있어 군인들의 관심이 높았다.

　마치 대동아공영권이니 하는 거창하고 그럴듯한 구호 아래 이웃
나라를 침략하면서 제국주의의 속국이 될 것을 해방시켜 준다는 식
으로 자신들의 침략행위를 역사적으로도 정당화시키는 면죄부로 여
겼는지도 모르겠다.

어쨌거나 기요마로는 스스로 신흥종교를 만들기 위한 권위를 세우려고 교토 구라마산에서 기도 수양을 한다는 명목으로 잠시 자취를 감추었다. 그러나 사실은 그 동안 위조문헌과 신보(神寶)를 만들고, 고분이나 신사, 절을 돌며 도굴하거나 훔치기도 하였다.

그리하여 그는 1910년 이바라기현 이소하라(磯原 : 현 기타이바라키시)에 아마츠교(天津敎)라고 하는 종교결사를 조직하고, 황조황태신궁도 만들어 스스로 관장을 맡았다.

처음에는 단순히 근처의 농민들을 상대로 위조하여 보유하고 있는 많은 보물들을 배관(拜觀)시켰으나, 이윽고 사회적으로 영향력 있는 군인이나 귀족층을 끌어들이게 된다. 이러한 수법은 일단 성공적이었으나, 반면 기요마로는 내무성을 자극하게 되어 훗날 극심한 탄압을 받게 되는 빌미를 제공하게 된다.

여하튼 이 아마츠교 본부인 황조황태신궁에 사카이 가츠도키가 나타난 것이 1931년이었다. 사카이는 다짜고짜 기요마로에게 전세계 인류의 보물인 '모세의 십계석'을 보여달라고 부탁하였다. 그러나 기요마로는 십계석이 무엇인지 알아놓은 후 기숙생 시절 익힌 석공 견습기술을 살려 며칠만에 돌로 '모세의 십계석'을 만들어 내었다.

사카이는 또 다케우치가의 신보 중에서 '피라미드 신체석(神體石)'이라고 하는 신대문자가 새겨진 석비를 보고 피라미드 연구에 몰두하게 되었다고 한다. 이 석비에는 히브리 문자의 원자(原字)인 일종의 신대문자 '모리츠네 문자'로, 후키아에즈조 제10대 천황의 동생 오츠나데히코노 미고토(大綱手彦命)가 칙명으로 기비츠네(吉備津根)의 모토무라(本村 : 히로시마현 쇼바라시)에 히라밋토(日來神宮: 피라미드)를 만든다는 뜻의 내용이 새겨져 있었다고 한다.

그밖의 초고대사에 관한 일본의 주장

시리우스(Sirius)라는 별이 있다. 큰개자리의 가장 밝은 별로 오리온자리에 이어 겨울 밤하늘을 장식하는 별이다. 거리도 지구에서 불과 8.7광년밖에 안되는 태양계의 이웃에 사는 별이다.

육안으로 시리우스를 보면 하나의 별로 보이지만, 실제 로는 '시리우스 A'의 주위를 50년마다 타원궤도로 도는 '시리우스 B'라는 반성(伴星 : 連星 가운데 빛이 어둡고 질량이 작은 쪽 별)인 백색왜성(白色矮星)이 하나 더 있다. '시리우스 B'는 천체망원경을 통해 19세기 후반에 발견된 별이다.

북서부 아프리카의 말리 공화국에 도곤족(Dogon)이라고 하는 부족이 있다. 이들은 산악지대에 살고 있는 원시부족인데, 우주물리학에 관해서는 놀라운 지식을 갖고 있다. 즉 육안으로는 절대 볼 수 없는 '시리우스 B'의 타원궤도 모양과 50년 주기를 수 천년 전부터의 구전을 통해 정확히 알고 있다.

도곤족의 전승에 의하면, 그들의 선조는 하늘에서 내려왔다고 하는데, 그 시조신(始祖神)의 이름이 '놈모(Nommo)'라고 하며, 놈모의 고향이 시리우스라는 것이다. 그런데 『다케우치 문서』에서도 우주의 원형을 창조한 시조신의 이름을 '남모'라고 한다.

이집트 나일강 동쪽에는 피라미드에 사용된 석재인 석회암 채석장이 있으며, 그 지방 사람들을 고대 이집트어로 '아이누'라고 불렀다고 한다. 이는 '선량한 사람'이라는 의미이며, 일본의 원주민인 '아이누'와 호칭이 같다고 한다.

이집트의 피라미드를 일본인 선조가 만들었다? 참으로 황당무계한 주장이라고 일소에 부치기는 쉽다. 그러나 그러한 주장을 뒷받침하는 그럴듯한 언어학·고고학적 — 비록 날조된 것이더라도 — 증빙을 보노라면 정말 노력을 많이 했다는 생각이 든다.

또한 이러한 주장을 극히 소수이긴 하지만 믿고 연구하는 사람도 있다. 이집트가 침략(진출?)을 꿈꿀 수 있을 정도로 일본과 지리적으로 가까웠더라면, '피라미드 일본인 원조설'도 크게 각광을 받았을 것이다.

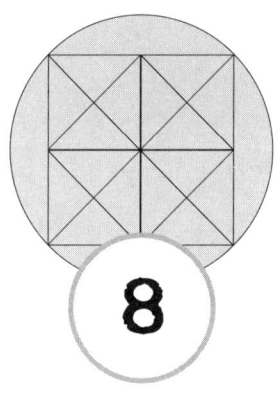

한글의 원조는 일본의 신대문자

신대문자란?

인류 최초의 문자는 기원전 6천년 경 고대 메소포타미아 지방의 유적에서 발견된 수메르의 설형문자(楔形文字)이다. 점토판(粘土板) 위에 갈대로 긁어 쓴 후 구어낸 것인데, 그 중에는 "요즈음의 젊은 놈들은 돼먹지 않았어" 라는 푸념도 있다고 한다. 세대간의 갈등은 8천년 전이나 21세기인 오늘날이나 변함이 없나 보다.

그런데 일본에는 이러한 수메르의 설형문자뿐만 아니라 중국의 한자, 영어의 알파벳, 그리스 문자, 심지어는 유네스코의 세계 문화 유산으로 지정된 우리의 자랑스러운 한글까지도 일본의 신대문자(神代文字)에서 유래한 것이라는 주장이 있다.

신대문자란 4세기 오진천황(應神天皇)대에 백제의 왕인(王仁)이

천자문을 전해주기 전부터 일본에 있었다고 하는 일본 고유의 문자라고 한다. 일본의 대표적인 사전인 이와나미서점(岩波書店)의『고지엔(廣辭苑)』을 보면 신대문자를 다음과 같이 정의하고 있다.

일본 고유의 신대(神代)부터 전해져 온 문자. 실은 귀복(龜卜 : 거북점)의 작조(灼兆 : 거북의 등딱지를 구워서 갈라진 모양이나 형상)나 조선(한국)의 한글을 모방한 위작(僞作). 히후미(日文), 아나이치(天名地鎭), 아히루(阿比留) 문자 등의 종류가 있다. 에도시대 그 존부에 대해 히라다 아츠타네(平田篤胤)의 '카무나 히후미노 츠타에'(神字日文傳 : 존재설), 한 노부토모(伴信友)의 '가나노 모토스에'(假字本末 : 부정설) 등의 논쟁이 있었다.

즉 일본 학계의 입장은 신대문자 부정설이 지배적이다. 그러나 '신대문자 존재설' 역시 일부이긴 해도 끊임없이 주장되고 있다. 그 대표적인 인물이 국학자(國學者) 히라다 아츠타네이다.

히라다 아츠타네(1776 ~ 1843)

히라다 아츠타네는 아키다(秋田) 출신의 과격한 국학자로 복고신도(復古神道)를 체계화하여, 에도시대 말기의 존황운동(尊皇運動)에 큰 영향을 끼쳤다. 메이지 유신 이후 일본에서는 배불훼석운동(排佛毀釋運動 : 절과 불상을 부수는 불교 배척운동)이 일어났는데, 그 사상적 근거를 제공한 것이 히라다의 국가신도주의(國家神道主

義)인 것이다.

원래 일본 고대로부터의 신도는 교의도 철학도 강조하지 않는 자연에의 소박한 신앙, 즉 제사의 일종으로 샤머니즘이 진화한 것이었다. 그러므로 불교와 같은 특정 교리, 철학, 사상을 가진 종교와 별다툼없이 공존할 수 있었다. 이러한 '자연 속의 신도'를 불교로부터 분리하여 사상으로 발전시키고 강화한 것이 바로 히라다 아츠타네인 것이다. 그는 67년의 생애에 천 권 이상의 저작을 남겼다고 한다.

히라다는 신도의 우월성을 강조하려는 나머지 일본에 한자가 전해지기 이전부터 고유의 문자가 존재했었다고 주장한 것이다. 그리고 이제까지 이름으로만 알려져 있던 역사서『구사(舊辭)』,『제기(帝紀)』가 신대문자로 써졌으며, 그것이『고사기』나『일본서기』의 바탕이 되었다고 주장했다.

그리고 신대문자의 존재설 주장만으로 성이 차지 않은 히라다는 직접 신대문자를 '창작'하여 발표하기까지 하였다. 우리나라나 중국에는 각각 고유의 문자가 있는데, 일본에 고유 문자가 없다는 것을 수치스러운 일로 여겨 날조해 낸 것이다.

히라다가 최초로 신대문자를 발표한 것은『칸나 히후미노 츠타에(神字日文傳)』라는 책이었다. 그러나 이 책에 실린 신대문자가 가짜라는 비난이 일어나자, 히라다는 즉시 '한글 공부'를 하여 새로운 응용문자를 만들어 냈다. 그뿐 아니라 영어와 산스크리트어(梵語 : 고대 인도의 문장어)도 배웠다. 그러므로 그가 만들어낸 신대문자의 저서에는 한글을 비롯해 영어의 알파벳, 산스크리트어로 쓰여진 것도 있다.

이처럼 히라다는 『칸나 히후미노 츠타에』에서 '한글'은 일본의 신대문자를 모방한 것이라고 하면서, '히후미(日文)'는 쓰시마의 우라베 아히루가(卜部阿比留家)에 조상 대대로 전해 내려온 것으로 '아히루 문자(阿比留文字)'라고 부르게 되었다고 한다.

고사고전의 일종인 『다케우치 문서』에 의하면 '아히루 문자'는 상고(上古) 4대 아마노 미나카 천황(天御中天皇)이 히노가미노 마루가타(日球神之丸形)로부터 만들었다고 한다.

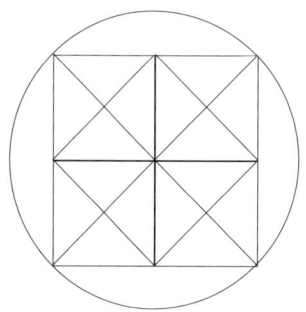

'히노가미노 마루가타'란 왼쪽의 그림과 같다. 둥근 원과 거기에 내접하는 네 개로 나뉘어져 있는 정사각형과 각각의 대각선의 여러가지 조합으로부터 '아히루 문자(天日字)'를 만들었다고 한다.

히라다는 일본 신화의 천지개벽 이야기가 진실임을 증명하기 위하여 코페루니쿠스의 지동설을 이용하기도 했다. 참으로 목적을 위해서는 수단 방법을 가리지 않는 히라다같은 인물을 보면 존경(?)스럽다고 해야 할지, 소름이 끼친다고 해야 할지…

여하튼 히라다의 이러한 과격한 신도사상에 공명하고 고무된 히라다 사후의 문인·제자들이 생전의 제자보다 더 많았다고 한다. 이리하여 히라다의 과격 국가주의 신도사상을 추종하는 무리들이 도막(倒幕) 유신운동을 추진하고 달성하여 메이지 신정부의 요인이 된 것이다

기타 신대문자 긍정론자

한자 전래 이전에 일본 고유의 문자가 있었느냐 하는 문제는 에도시대 중기부터 유학자와 국학자간의 사상적 대립과 함께 있어 왔다. 유학자 측에서는 대체로 신대문자의 존재를 부정 또는 무시해 왔고, 국학자 중에서는 신대문자를 인정하는 자가 속속 나타났다.

그 중 대표적인 인물이 소위 '고토다마가쿠'(言靈學 : 말에 내재하는 영력이 있음을 주장하는 학문)의 창시자인 오이시고리 마스미(大石凝眞素美 : 1832 ~ 1913)다.

오이시고리는, 일본이 천지창조 이래의 역사를 가진 나라이며, 그러한 유구한 역사를 가진 나라가 한자 전래 이전에 문자를 가지지 못했다는 것은 있을 수 없는 일이라고 생각했다. 또한 그는 모든 일본어는 '고토다마' 정신에 합치되며, 말의 의미, 내용과 소리의 구성이 본질적으로 갖추어져 있다고 한다. 그리하여 이 세상에 수많은 언어가 있으나 '고토다마' 의 파워를 불러일으킬 수 있는 올바른 말은 일본어뿐이라는 사상을 갖고 있었다.

에도시대 말기에 고대 일본어 발성수가 75음이었다는 설이 나돈 적이 있었다. 그러자 얼마후 수경문자(水莖文字)라고도 불리는 75음

의 신대문자가 발견되었고, 그 발견자가 바로 오이시고리이다. 발견 경위 역시 희한하다.

1882년의 어느날 오이시고리가 시가현 비와코(琵琶湖) 호수면을 바라보고 있었다. 그 날은 마침 날씨도 좋고 바람도 없었는데, 갑자기 수면 위에 물결이 일더니 커다란 파문이 나타났고, 그것이 일정한 형상을 띠고 있었다고 한다. 이제까지 보지 못하던 문자 모양을 보고 오이시고리는 신대문자임을 깨닫고 미친듯이 그 모양을 기록했다는 것이다.

하나의 문자가 출현해서 형태를 갖추는데 5 ~ 10분, 그리고 20 ~ 30분간 그 형상을 유지하다 사라지고 다시 새로운 문자가 나타났다고 한다. 75문자를 모두 관찰해서 기록하려면 적어도 30 ~ 40시간은 걸렸을 것이다. 그렇다면 한밤중에는 어떻게 관찰하고 기록했을까? 호수면이 야광으로 빛나기라도 했단 말인가?

몽골 및 서역 탐험의 경험을 갖고 쓴 『이천구백년 전 서역탐험일지』(1910)의 저자이며 중의원 의원이기도 한 사사키 테루야마(佐佐木照山)같은 자는 한술 더 떠, 일본의 가나야말로 신대문자이며, 중국의 한자가 가나에서 파생된 것이라고 주장하였다. 그는 한자가 여러가지 일본의 가나 문자를 조합해서 만든 하이브릿드 문자라고 주장한다.

그러나 아직 놀라기는 이르다. 한자의 원조도 밝혀냈는데 알파벳의 원조를 못 밝히랴. 그렇다! 기무라 다카타로(木村鷹太郎)는 가나 문자를 초서처럼 흘려쓰면 알파벳이 된다고 주장하였다.

기무라는 원래 철학자였으나 어학에도 조예가 깊어 그리스어 및 라틴어 등을 연구하다가 일본어와 그리스어, 일본 신화와 그리스 신화가 매우 유사하다는 점을 발견했다고 한다. 그뿐 아니라 성경과 불경, 페르샤 신화, 이집트 신화 등 모두가 일본 신화와 공통점이 많은 것을 알고, 이 세상의 모든 문화가 일본에서 시작되었으며, 세계사의 대부분이 일본 신화의 투영이라는 결론을 내리게 되었다.

그후 츠루미네 시게노부(鶴峯戊申)도 '아마이치 문자(天名地鎮文字)'야말로 신대문자의 본체이며 '전세계 문자의 원조'라고 주장하였고, 신대문자 연구가인 다카바타케(高畠)는 1931년의 『신자기원해(神字起源解)』, 1941년의 『일국시문자고(日國是文字考)』에서 신대문자가 태양신앙으로부터 생겨났다고 주장하였다.

일·유 동조론자이며 고사고전 신봉자인 변호사 다다이 시로지(田多井四郎治) 역시 1939년 『일본 신대문자론』을 펴내, 모든 일본의 신대문자는 말할 것도 없고 영어의 알파벳도 상기 기본도형의 구성요소의 조합에 의해 만들어진 것이라며 기무라의 주장을 답습했다.

또한 '피라미드'로 유명한 사카이 가츠도키는 1936년에 출판한 『신자고(神字考)』에서 '모리츠네 문자'야말로 그리스 문자, 히브리 문자의 모체이며, 그 초서체가 산스크리트어(梵字)의 모체라고 주장하였다.

그밖에 일본에서 가장 오래된 신사의 하나인 이세신궁(伊勢神宮)에 전해진다고 하는 신대문자로 쓰여진 100통의 문서를 메이지 시대 이후의 신대문자 존재론자 대부분이 유력한 증거로 제시하고 있다.

그러나 이세시에 있는 신궁황학관대학(神宮皇學館大學)의 초대 학장인 문학박사 야마다 요시오(山田孝雄)가 조사해 본 결과, 한 통은 텐메이(天明) 4년(1784)에 무라이 후루이와(村井古巖)라는 자가 헌납한 것이고, 나머지 99통은 1873년에 신궁교원(神宮敎院)을 일으킨 오치아이 나오스케(落合直亮)가 고전고가 등을 신대문자로 쓴 것을 1883년에 신궁문고(神宮文庫)로 이관했음이 밝혀졌다.

신대문자 부정론

신대문자 부정론의 대표는 크게 하시모토 신키치(橋本進吉), 오오노 스스무(大野晉) 박사의 '나라시대'(奈良時代) 일본어 8모음설(母音說)과 야마다 요시오(山田孝雄) 박사의 국어 국문학적 고증으로 대변된다.

전자인 '나라시대 일본어 8모음설'에 의하면 고대(나라시대)의 일본어에는 아(a), 이(i), 우(u), 에(e), 오(o) 5 모음 이외에 이(i), 에(e), 오(o) 갑류(甲類) 을류(乙類) 두 가지씩 즉 8모음이 있었다는 것이다. 그런데 신대문자 대부분이 5모음을 전제로 한 '50음도(音圖)' 또는 '이로하우타'(伊呂波歌: 히라가나 47자를 한 자도 중복하지 않고 의미있게 배열한 7 · 5조의 노래)로 되어 있다. 이는 신대문자가 이로하우타나 가나와 대응해서 만들어졌음을 의미한다. 그러나 이로하우타와 가나는 헤이안 시대(平安時代) 이후에 만들어진 것이므로 그 이전에 신대문자가 존재할 리 없다는 것이다.

신대문자의 존재 여부에 관한 논쟁은 헤이안 시대까지 거슬러 올라간다. 인베 히로나리(齊部廣成)의 『고어습유(古語拾遺)』에 보면 "상고시대 아직 문자가 없고…" 라는 구절이 있다. 즉 오진천황 시기 백제의 왕인이 천자문을 전해줄 때까지 일본에는 문자가 없었다는 말이다. 하물며 신대문자가 있었을 리가 없는 것이다.

'모리츠네 문자' 의 경우 이를 소개한 『다케우치 문서』 이외의 문헌에서 사용한 예를 발견할 수 없는 점과, 신대문자의 배열이 대표적 위서(僞書)인 『선대구사본기대성경(先代舊事本紀大成經)』과 같다는 점도 수상하다.

그리고 무엇보다도 신대문자 중 '아히루 문자' 는 우리의 한글을 그대로 옮겨놓은 것에 불과하다. 만약에 '아히루 문자' 가 한글의 원형이라고 한다면, 어째서 그렇게 간단하고 편리한 과학적인 문자가 일본에서 계속 사용되지 못하고 사멸되었을까?

일찍이 우리의 한글에 대해 『1984년』의 작가 H. G. 웰즈는 '동양에서 단 하나의 우수한 알파벳식 문자' 라는 찬사를 보냈는데, 이렇게 우수하고 편리한 문자가 일본에서 보급되지 않고 일부러 복잡한 중국의 한자를 차용하여 히라가나(平假名), 가타가나(片假名)를 만들 필요가 있었을까? 초등학교 수준의 상식으로도 말이 안되는 일이다.

한글과 가림토 문자

한글은 조선의 4대 임금 세종대왕(世宗大王 : 1397 ~ 1450)이 1443

년에 몸소 만들었다. 물론 처음부터 한글이라 부른 것은 아니다. 세종대왕이 처음 한글을 만들었을 때에는, '백성을 가르치는 바른 소리'라는 뜻의 훈민정음(訓民正音)이라고 하였다.

이후 상스런 말을 적는 글이란 뜻의 언문(諺文), 소리를 나타내는 방법이 비슷하다 해서 반절(反切)이라고도 하였다. 그밖에도 암클, 창살 글자, 중글, 상말글 등 여러가지로 불리어 오다 주시경(周時經)에 의해 한글이라는 오늘날의 이름을 가지게 된 것이다.

『세종실록(世宗實錄)』 25년 12월조에 보면, "언문 28자는 세종 임금이 친히 만들었고, 그 문자는 옛 전자(篆字)를 본받았다"고 기록되어 있다. 여기서 옛 전자가 무엇인지에 관해서는 '산스크리트 문자 기원설'과 원나라의 '파스파(八思巴) 문자 기원설', 및 『단군세기(檀君世記)』에 기록된 '가림토(加臨土) 문자 기원설', 심지어는 '히브리어 기원설' 등도 있어 학자들 사이에서도 의견이 분분하다.

최만리(崔萬理)의 한글 창제 반대 상소문에 보면, "언문은 다 옛 글자를 본뜬 것이고 새로 된 글자가 아니라 하지만, 글자의 형상은 비록 옛날 전자를 모방하였을지라도 음을 쓰고 글자를 합하는 것은 모두 옛것에 반대되니…" 라고 하였다.

즉 세종대왕이 최항(崔恒), 정인지(鄭麟趾), 성삼문(成三問), 박팽년(朴彭年) 등 집현전(集賢殿) 학자들과 고대에 이미 존재하고 있던 전자를 참고하여 당시의 어법에 맞게 훈민정음 28자를 새로 만들어 낸 것이다. 그리고 여기서의 전자란 기원전 2181년 3세 가륵단군(嘉勒檀君) 2년 을보륵(乙普勒)에게 명하여 정음 38자로 만든 '가림토

문자'를 말한다.

고사고전과 신대문자

현존하는 일본 최고(最古)의 사서는 『고사기』(712)와 『일본서기』
(720)다. 이들 사서에 의하면 일본 황실은 초대 신무천황으로부터 현
재까지 말 그대로 125대의 만세일계(萬世一系)로 면면히 계속되어
왔다고 주장한다. 신무천황 이전의 역사는 신들의 역사다. 그러나 신
들의 역사를 자세히 들여다 보면 '오모노누시노 미코토(大物主神)
의 국토양도 신화' 등 선주민 왕조의 존재를 암시하는 내용도 많다.

이러한 선주민 왕조의 존재를 알려주는 문서, 즉 『고사기』 이전의
고대 사료를 '고사고전(古史古傳)'이라고 하며, 그중에는 여러가지
신대문자로 쓰여 있거나, 신대문자를 소개하고 있기도 하다.

현재 알려져 있는 '고사고전'은 약 20여 종이 되나 학자들로부터
는 대부분 위서 취급을 받고 있다. 만세일계의 황통을 주장하는 황
국사관에 입각한 학자들로서는 '고사고전'을 위서로, '신대문자'를
위작으로 취급하는 것이 당연할 것이다. 이하 주요한 '고사고전'에
대해서 간단히 살펴 보기로 하자.

다케우치 문서

본서에서도 여러 차례 언급되어 이미 친숙해진 이름일 것이다. '신대의
만국사'로 불리우는 『다케우치 문서』는 신무왕조와는 별계로 알려진 고겐천

황(孝元天皇)의 후예로 고대사 최대의 수수께끼 인물인 다케우치노 스쿠네 자손의 가계에 대대로 전해 내려온 문서라고 한다. 신의 탄생으로부터 우주의 생성, 세계 인류 문명의 발생, 전개, 일본 황통의 시작에 이르기까지를 기록한 장대한 내용으로 되어 있다. '아마노 우키부네(천부선)'라고 하는 비행물체도 소개되어 있다.

구가미 문서(九鬼文書)

불교 수용의 가부를 둘러싼 정쟁에서 불교 수용파인 소가(蘇我) - 쇼토쿠 태자 연합과 싸워 패하여 덜망한 오나카토미가(大中臣家)의 후예이며, 슈겐도(修驗道) 구마노(熊野) 벳토(別當) 종가(宗家)이며 일본 최강인 구가미 수군(九鬼水軍)을 이끌었던 구가미가(九鬼家)에 전해 내려오는 고문서. 역사비록편(歷史秘錄篇), 고대화자편(古代和字篇), 신도보전편(神道寶典篇), 태점비상편(太占秘想篇), 병법무교편(兵法武敎篇), 병리의약편(病理醫藥篇), 도래비법편(渡來秘法篇), 필록군상편(筆錄群像篇), 구가미보물편(九鬼寶物篇)의 아홉 편으로 구성되어 있다. 문서 기재 연대도 우주 개벽부터 메이지 시대까지이며, 수수께끼에 싸인 고신도(古神道)의 비법을 전하고 있다.

미야시타 문서(宮下文書)

닌토쿠 천황(仁德天皇)과 황위를 다투다 패한 오야마노모리(大山守) 황자 자손의 가계인 후지산록의 미야시타가(宮下家)에 전해오는 문서. 중국 진(秦)에서 집단으로 망명하여 온 방사 서복이 편찬하였다고 하여 『서복문헌(徐福文獻)』이라고도 한다. 그 내용은 일본 건국의 신들이 고대 페르시아의

동북지방으로부터 실크로드를 지나 일본에 건너와 후지산 기슭에 도착하여
왕조를 열고부터 멸망하기까지의 흥망사가 기록되어 있다.

호츠마츠타에(秀眞傳)

다카마가하라(高天原)의 황손에게 '나라 양도'를 강요받은 오쿠니누시노
미코토(大國主命 또는 大物主神) 가계의 전승이라고 함. 호츠마 문자(秀眞文
字)로 불리는 신대문자로 쓰여진 5·7조 장가체(長歌體)에 의한 천지창조의
일대 서사시. 『고사기』나 『일본서기』에서는 이자나기와 이자나미 사이의 최
초의 자식으로 갈대배로 떠내려 보낸 히루코(蛭子)를 노인이 구해내어 잘 키
우는 이야기 및 아마테라스 오미카미(天照大神)를 남신(男神)이라고 하고,
다카마가하라를 동북지방으로 하는 등 정사(正史)와 다른 기술이 많다.

모노노베 문서(物部文書)

불교 수용을 둘러싼 정쟁에서 오나카토미(大中臣) 씨와 함께 패하여 아키
다 지방으로 도망간 모노노베씨(物部氏)의 가계에 전해 내려오는 문서. 그 내
용은 천지생성 및 모노노베가의 조상신 니기하야히노 미코토(饒速日命)의
강림 신화부터 동국(東國)의 '나라 양도' 전승, 신무 동정, 신공황후(神功皇
后)의 신라정벌과 에도시대의 가라마츠 신사(唐松神社) 재건에 이르는 천 수
백년 간의 전승 및 역사가 기록되어 있다.

우에츠후미(上記)

1223년 붕고(豊後: 지금의 오이다현) 수호직(守護職) 오토모 요시나오(大

友能直: 미나모토 요시츠네의 배다른 형인 미나모토 요리토모의 서자)가 편찬했다고 함. 이 자료의 특징은 신화나 전승 외에 민속, 도량형, 지리, 언어, 역제(曆制), 천문, 의학 등 다방면에 걸쳐, 소위 '고대의 백과사전'이라고 불리우며, 고대의 문화사적 측면을 연구하는데 자료적 가치가 높다고 한다.

츠가루소토산군시(東日流外三郡誌)

신무동정에 최후까지 저항한 나가스네히코(長髓彦)와 형인 아비히코(安日彦)의 후손에 의해 편찬되고 계승되어 왔다고 한다. 지구 최후의 빙하기인 우룸 빙하기로부터 일본열도 최초의 선주민인 '아소베족'과 그후에 도래한 '츠보케족' 등에 관한 기록이라고 한다.

대부분의 '고사고전'에는 한자 전래 이전의 문자라고 하는 신대문자가 나온다. 심지어는 『호츠마츠타에』처럼 전체가 신대문자로

▲ 구가미 개태문자

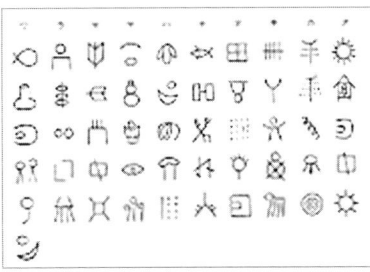

▲ 다케우치 문서의 상형신자

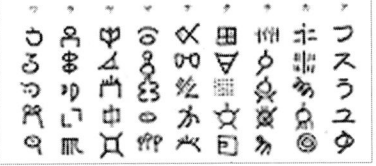

▲ 고시(越)문자

▲ 상카문자

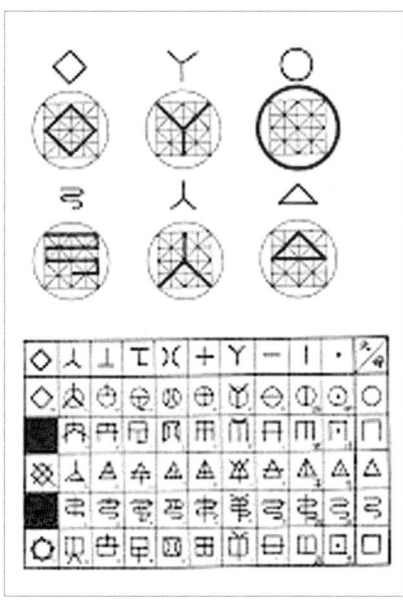

▲ 호츠마(季眞)문자의 구성

▲ 히라다가 한글로부터 만들어낸 신대문자

도요구니 문자(신체)

▲ 도요구니 문자(고체)

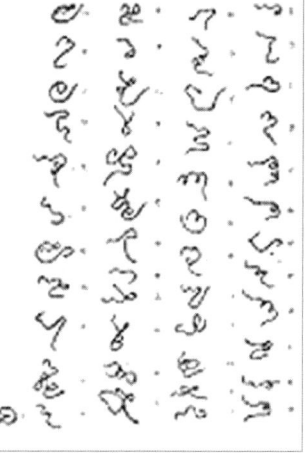

▲ 모노노베 문자(物部文字)

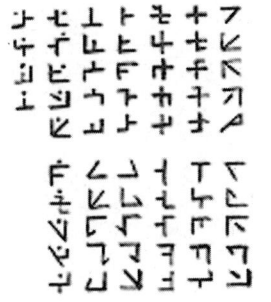

▲ 아나이치(天名地鎭)문자   ▲ 모리츠네 문자(上:해서체, 下:초서체)

쓰여진 것도 있다. 현재의 정통 일본 역사학계에서는 신대문자를 후세의 위작으로 보고 있다.

앞에서 언급한 여러가지 신대문자는 대부분 19세기 말부터 20세기 초에 걸쳐 만들어진 것이다. 신대문자의 존재를 주장하는 사람들이 나타나기 시작하고, 때맞추어 신대문자로 쓰여진 상기 고사고전의 위서들도 속속 활발하게 발견되었음을 볼 때 '신대문자'와 '고사고전'이 어떠한 목적과 의도로 만들어 졌는지 미루어 짐작할 수 있을 것이다.

'고사고전'은 대체로 '일본중심주의' 및 '일본지상주의'의 입장을 취하고 있다. 일본이 세계의 중심이며, 세계 각지의 고대문명(황하, 인더스, 나일, 메소포타미아, 마야, 잉카 등)은 일본으로부터 전파된 것이라고 한다.

지나친 우월의식도 전염성이 강한 정신병의 일종이라는데, 그래서 일본의 위정자들이 때만 되면 번갈아가며 갖가지 망언을 일삼는 건가?

3 도래(渡來)의 장

메이지 유신후 국제무대에 등장한 일본의 부국강병, 군국주의화와 함께 『다케우치 문서』를 비롯한 위서가 출현한다. 이 위서들의 핵심주제인 일본 중심주의, 일본 지상주의의 결과는 역사상 유명한 세계의 위인들이 일본을 찾아올 수밖에 없다. 예수·석가·모세는 물론 천하절색 양귀비와 불로초로 유명한 서복까지.

9

예수는 일본에서 죽었다

아오모리현에 있는 예수의 무덤

일본의 아오모리현(靑森縣) 산노헤군(三戸郡) 신고무라(新郷村)
헤라이(戸來)라고 하는 곳에 가면 세계 3대 성인의 한 분이며, 세계

▲ 아오모리현 관광안내도

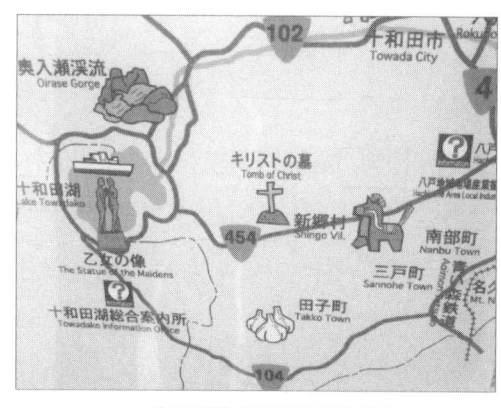

▲ 아오모리현 그리스도의 무덤 지도

▲ 도라이즈카, 쥬다이보로 올라가는 계단   ▲ 그리스도 공원앞 버스정류장

최대 종교인 기독교의 창시자 예수 그리스도의 무덤이 있다. 신고
무라 야쿠바(役場 : 사무소)에서 서쪽으로 '그리스도 가도'라고 이
름 붙여진 국도 454호를 따라 3km 정도 가면 오른쪽으로 '그리스
도 공원앞' 버스 정류장과 '그리스도의 무덤'이라는 도로표지판이
나온다.

　조그마한 주차장을 뒤로 하고 보도를 따라 조금 올라가면 약간의
나무가 우거진 야트막한 언덕 위에 흙 무덤 두 개가 나란히 자리하
고 있다. 무덤 위에는 나무로 만든 십자가가 꽂혀 있어 한 눈에도 무
덤의 주인이 기독교와 관련이 있는 인물임을 알 수 있다.

　신고무라 교육위원회에서 만든 「헤라이의 그리스도」라는 책자에
나와 있는 이 무덤에 대한 설명을 보자.

　정면에서 볼 때 오른쪽 무덤이 도라이즈카(十來塚)라고 하는 예수의 무덤

이고, 왼쪽이 쥬다이보(十代墓)로 예수의 동생 이스키리와 예수의 모친 성모 마리아의 무덤이다. 예수의 무덤을 도라이즈카라고 하는 것은 예수의 일본 이름인 도라이 타로 다이텐쿠우(十來太郎大天空)에서 유래한 것이며, 경건한 마을 사람들이 하얀 밤나무 막대기에 글자를 새겨 무덤 위에 세워 놓았다. 쥬다이보는 성모 마리아의 유골과 동생 이스키리의 머리털과 귀를 장사 지낸 것으로, 이 무덤은 예수 그리스도가 몸소 만들었다고 알려져 있다.

이것이 사실일까? 아시아 최대의 개신교 국가인 대한민국의 이웃에, 바로 그 기독교의 개조인 예수 그리스도의 무덤이 있었다니! 물론 실제로 예수의 무덤일 리가 없다. 성서에 의하면 예수는 십자가에서 죽은 뒤 사흘 만에 부활해서 40일 동안 이 세상에 머물다 하늘나라로 올라갔기 때문에 공식적으로 이 지구상에는 무덤이 있을 수 없다.

▲ 청주 '그리스도의 마을'

그러나 엄연히 이 헤라이 마을에는 지금도 예수의 후손이라는 사와구치(澤口) 가문의 사람들이 살고 있고, 또한 마을의 특산품으로 '그리스도의 마을(キリストの里)'이라는 브랜드의 지자케(地酒: 그 지방의 술)도 만들어 팔고 있다.

물론 일본 사람 중에도 그러

한 사실을 모르는 사람도 많이 있고, 설사 안다 해도 믿지 않을 사람들이 대부분이겠지만, 일부나마 그러한 사실을 주장하고 또한 믿는 사람이 있다는 것 또한 사실이다. 이제부터 그들이 어째서 그러한 주장을 하는 것이며, 근거는 있는 것인지 자세히 살펴보기로 하자.

성경에 의한 예수의 생애

예수의 생애에 대해서는 신약성서의 마태복음, 마가복음, 누가복음의 공관복음서(共觀福音書) 및 요한복음의 이른바 '4대 복음서'에 자세히 언급되어 있다. '4대 복음서'에 의하면 예수는 지금으로부터 2천여 년 전에 이스라엘의 작은 마을 베들레헴의 마굿간에서 태어났다고 한다. 예수의 아버지는 갈릴리 지방 나사렛의 목수인 요셉이고, 어머니는 마리아라고 한다. 마리아는 요셉의 도움없이 오직 성령으로 임신하여 예수를 낳았다고 한다.

예수가 태어난 해를 기준으로 기원 전과 기원 후, 즉 서기가 시작되었다는 것을 모르는 사람은 없을 것이다. 그렇다면 서기 1년에 예수가 태어났느냐 하면 그것은 아니다. 서기를 처음 만들어낸 스키타이(Scythia : 지금의 우크라이나)의 수도승 디오니시우스 엑시구스(Dionisius Exigus)가 533년에 기독교 기원의 시작을 확정하려고 할 때 큰 잘못을 저질렀다.

우선 기원전 1년과 기원후 1년 사이에 영(Zero)년을 집어넣는 것을 잊어버렸다. 당시 유럽에서는 0(제로)과 마이너스의 개념을 몰랐기 때문에 어쩔 수 없는 일이었다. 또한 로마황제 아우구스투스(재위: B.C 30~A.D 14)와 다음 황제인 티베리우스(재위: A.D 14~37)와의 공동 통치기간 4년을 간과해 버린 것이다. (엑시구스는 누가복음 3장 1절의 "로마의 티베리우스 황제가 다스린 지 15년째 되던 해…"와 23절의 "예수님이 기쁜 소식을 전하기 시작하신 때는 30세쯤 되셨다"는 내용을 기초로 계산했다)

그리고 마태복음 2장에 보면 예수는 헤롯왕 때에 태어났고, 동방박사들이 별을 보고 찾아왔다고 되어 있다. 그런데 역사적으로 헤롯왕은 B.C 4년에 죽은 사람이므로 예수의 탄생은 최소한 B.C 4년보다는 이전이 되어야 할 것이다. 또한 동방박사들이 보고 찾아올 정도라면 평상시와 다른 특별히 빛나는 별이었을 것이다.

17세기 초만 하더라도 그 별이 혜성(彗星)이나 신성(新星 : Nova)일 것으로 추정하였다. 그러나 1603년 케플러가 목성과 토성이 겹치면서 마치 크게 빛나는 별처럼 보이는 현상을 발견한 이래, 동방박사들이 본 별이 바로 이러한 현상이 아닐까 생각하여 계산해 본 결과 B.C 7년에 그러한 현상이 있었음이 확인되었다. 그러므로 최근에는 예수가 태어난 해에 대한 학자들의 의견이 대체로 B.C 6~7년 경으로 모아지고 있다.

아무튼 이렇게 태어난 예수는 하나님이 보낸 천사의 정보 제공으로 헤롯왕이 두 살 이하 남자아이를 모두 죽일 것이라는 것을 미리 알고 이집트로 피난하여 헤롯왕이 죽을 때까지 그곳에서 지낸다.

예수는 열 두 살 되던 유월절(逾越節 : 고대 이스라엘 민족이 하나님의 인도로 이집트에서 무사히 탈출한 것을 기념하는 유대교의 3대 축일의 하나)에 부모와 함께 예루살렘에 올라가 성전에서 유대인 랍비들과 문답을 하며 지혜와 총명을 과시한다. 성서에서 언급된 예수의 어린 시절은 여기까지이며, 이어지는 예수의 기록은 이른바 공생애(公生涯)라고 하여 30세쯤부터 시작된다.

그러므로 성서에는 13세부터 30세까지 18년간의 예수의 공식적인 기록이 없는 것이다. 이 18년간의 공백기간 때문에 예수의 일본 도래설이나, 인도 불교 유학설 등 여러가지 주장이 나오게 되는 빌미를 제공하게 된 것이다.

예수는 30세쯤 되어서 공적 활동을 시작하기 전에 우선 요단강에서 세례자 요한으로부터 세례를 받았다. 이어 광야에서 40일 동안 마귀에게 시험을 받았으나 무난히 통과하였으며, 갈릴리 지방 전도를 시작으로 4년간의 공생애를 시작하게 된다.

예수는 열 두 제자와 함께 한 곳에 오래 머무르는 법이 없이 이스라엘 각지를 돌아다니며 천국의 복음을 전파하는 한편, 온갖 병자를 치료해 주었다. 심지어는 죽은 사람도 살리고, 맹인의 눈을 뜨게 하고, 앉은뱅이를 일어나게 하고, 물 위를 걸어 다니기도 하는 등 여러가지 기적을 행하여 수많은 사람들이 따르게 된다.

그러나 결국 예수는 유대의 보수세력인 제사장, 율법학자 및 바리새인들과의 마찰로, 그들의 책동에 의해 체포되기에 이른다. 그리고 로마의 총독 빌라도 앞에서 재판을 받아 정치범으로서 십자가에 매달려 죽임을 당한다. 예수는 사흘만에 제자들 앞에 나타나 부활을 증명하고, 40일 후에 영원히 하늘나라로 올라가 하나님의 옆에 자리를 잡았다고 한다.

다케우치 기요마로(竹內巨麿)와 다케우치 문서(竹內文書)

일본의 아오모리현 헤라이 마을의 예수의 무덤이 세상에 알려지게 된 것은 그리 오래지 않다. 지금으로부터 70년 전인 1935년, 다케우치 기요마로가 고대사 연구가 토야 반잔(鳥谷幡山) 일행과 함께 헤라이 마을을 방문하고나서부터이다. 그들은 촌장 사사키 덴지로(佐佐木傳次郎)의 안내로 마을을 이잡듯이 조사하여 얕으막한 언덕 위 덤불 속에 있던 두 개의 흙더미를 발견하였다. 이것이 지금의 예수와 그 동생 이스키리의 무덤이다.

다케우치 기요마로는 다케우치노 스쿠네(武內宿禰: 야마토 조정 초기에 3백년 가까이 살면서 활약했다고 하는 전설상의 인물로 신공황후[神功皇后]의 신라 정벌을 도왔다고 함)의 66대손이라고 한다. 이 다케우치 가문에는 대대로 전해 내려오는 문서가 있었는데, 그것은 감추어진 일본 고대사에 대한 내용으로 보통 『다케우치 문헌』 또는 『다케우치 문서』로 부르고 있다.

『다케우치 문서』에 의하면 현재까지 알려져 있는 히브리 문자, 그리스 문자, 이집트 상형문자, 수메르 문자, 알파벳, 산스크리트어, 중국의 한자, 거란 문자는 물론 우리나라의 한글에 이르기까지 세계의 내노라 하는 문자는 모두 고대 일본으로부터 갈라져 나간 것이라고 한다.

또한 오늘날 일반적으로 알려져 있는 일본의 초대 천황인 신무천황 이전에도 천황이 존재했으며, 이들 역대 천황의 사적도 기록되어 있다. 그리하여 역사적으로 말살된 각국의 문화 및 국토의 원래 모습은 물론 현재까지도 알 수 없는 세계의 수수께끼를 풀어놓고 있다고 한다.

즉 인류의 발생지인 일본은 동시에 세계의 조국이며, 자연 전세계를 통일하고 있었으나, 태고 이래 백여 회에 이르는 지각 변동으로 점차 일본의 통치권이 붕괴하였다는 것이다. 최후의 천재지변은 신무천황이 있기 3백년 전에 일어나 많은 대륙이 바다 밑으로 가라앉았고, 이 때문에 전 세계의 통치력을 완전히 상실하게 된 일본은 신무천황 대에 이르러 가까스로 재통일을 이루었다고 한다.

지금으로부터 2천 년에서 2천 5백년 전 사이에 세계적으로 위대한 종교가 · 철학자가 많이 배출되었다. 중국만 하더라도 공자, 맹자, 노자, 장자 등 제자백가(諸子百家)가 나왔으며, 그리스에서는 탈레스, 아낙시만드로스, 소크라테스, 플라톤, 아리스토텔레스 등 많은 철학자가 동시에 배출되었다. 인도에서는 불교의 개조인 석가가 나왔고, 그리고 가장 늦게 중동지방 이스라엘에서 예수가 태어났다.

또한 그 시기를 전후하여 모세, 석가, 노자, 공자, 예수 등이 자국민을 비롯한 세계 인류의 행복을 추구하기 위하여 머나먼 일본까지 스스로 찾아왔고, 여기서 세계의 바람직한 이상을 배우고 귀국하여 자국의 통치자의 압정에 대항하여 이러한 가르침을 설파하였다는 내용이 기록되어 있다.

다케우치 문서 등에 의한 예수의 생애

『다케우치 문서』에 의하면 예수는 지중해 연안 팔레스타인 지방에서 신무천황 기원 624년(甲申) B.C 37년 1월 5일에 태어났다고 한다. 예수에게는 남동생이 하나 있었는데, 이름이 이스키리이며, 같은 해 12월 6일에 태어났다고 한다.

그후 동방박사들이 예수의 탄생을 축복하기 위하여 마굿간을 방문한다든지, 헤롯 대왕이 예수를 죽이려고 두 살 이하의 유태인 어린아이를 모두 죽였으나, 어린 예수는 하나님의 가호로 이집트로 도피하여 살게 된다는 이야기는 성서의 내용과 같다.

이윽고 다시 이스라엘 땅으로 돌아온 예수의 가족들은 고향인 나사렛에 자리를 잡고, 아버지 요셉은 목수일을 하며 예수를 키우게 된다. 예수는 열 두 살이 되었을 때 부모를 따라 예루살렘에 가서 성전에서 제사장들과 교리에 관한 문답을 하며, 진리를 추구하기 위한 끊임없는 천재적 능력과 강고한 신념과 의지력을 발휘하기 시작했다고 한다.

예수는 자라가면서 진리를 찾으려는 마음이 더욱 강해져 부모, 동생과 떨어져 홀로 인도에 건너가 석가의 가르침인 불교에 심취한 후 마침내 일본으로 건너오게 되었다고 한다. 예수가 처음 일본에 도착한 곳은 동해 연안의 이시가와현(石川縣) 노토(能登) 반도 호다츠(寶

達) 해안으로, 예수의 나이 열여덟이었다고 한다.

그리고 엣츄(越中) 지방(현재의 도야마현)에 있는 황조황태신궁(皇祖皇太神宮)의 신관(神官)인 타케오고코로(武雄心) 친왕(親王)의 제자가 되어 5년간의 수행을 시작했다. 그 동안 예수는 목숨을 걸고 비술(秘術), 문자학(文字學), 제사(祭祀), 역사, 천문학 및 제정일치의 근본적 학문을 배우고, 마침내 국왕의 인수(印綬)를 천황으로부터 받아 이스라엘로 금의환향하게 되었다고 한다.

예수가 일본을 떠나기 전 황실 화가인 히코후토 히토가타 즈몬미코토(彦太人形圖文命)가 예수의 초상화를 그렸는데, 국화 무늬가 있는 왕의 의복을 입고, 그 위에 왕관과 조복을 걸친 모습으로 현재 황

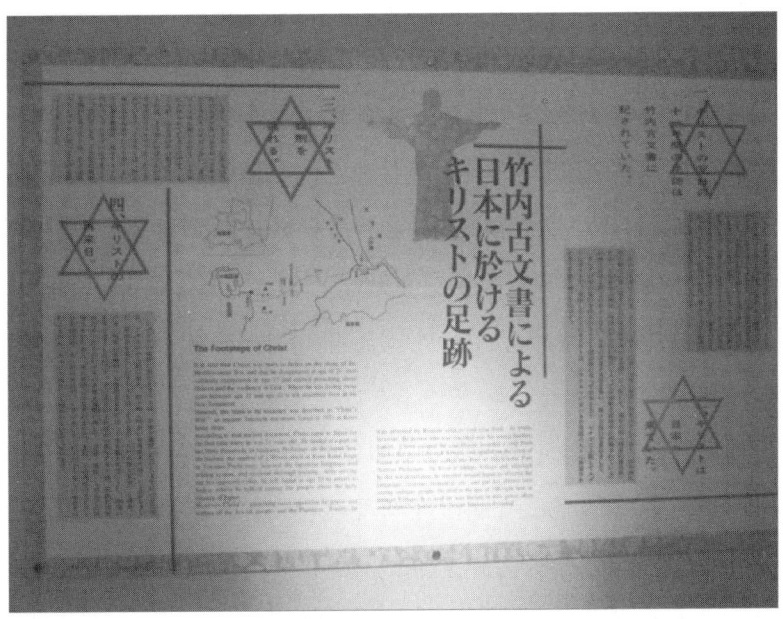

▲「다케우치 문서」에 의한 일본에서의 그리스도의 발자취

조황태신궁에 보관되어 있다고 한다.

한편 이스라엘로 돌아온 예수는 신약성서에 기록되어 있는 것처럼 사람들에게 하나님의 사랑과 지상의 평화, 정신의 존엄함을 설파하였으나, 보수적인 유태교도와 그의 가르침을 위험시한 로마 점령군에 체포되어 십자가에 매달리게 되었다.

그러나 이때 십자가에 매달리게 된 것은 예수 자신이 아니라 예수와 한 살 차의 동생 이스키리였다는 것이다. 동생 이스키리가 형인 예수를 대신해 십자가에 매달려 죽고, 예수 자신은 사흘 후 제자들 앞에 나타나 건재를 과시하며 부활의 기적을 연출하게 되었다는 것이다. 그는 절대 죽어서는 안된다는 천황의 칙명을 따르지 않을 수

▲ 도라이즈카(예수의 무덤)

없었다는 것이다.

이스라엘을 탈출한 예수는 북유럽을 경유, 유럽을 남하하여 아프리카에 이른다. 다시 중앙아시아를 거쳐 시베리아 동쪽 끝에서 건너편 알라스카로 건너가 아메리카 대륙에 첫 발을 내딛는다. 예수는 계속해서 남북 아메리카를 일순하며 각지에서 가르침을 전한 후 다시 알라스카로 올라와 해로를 이용하여 일본을 향했다.

예수가 탄 배가 현재의 아오모리현 하치노헤(八戸) 마츠가사키(松ケ崎)에 도착한 것은 골고다 언덕의 십자가 사건으로부터 4년이 지난 제 11대 스이닌(垂仁) 천황 33년인 A.D 4년 2월 26일이었다고 한다.

▲ 쥬다이보(이스키리의 무덤)

예수는 마츠가사키에서 2개월을 보낸 후 헤라이 마을로 돌아와 헤라이신궁(戶來神宮)에 참배하며 이제까지의 경과를 보고했다. 같은 해 9월 처음 일본에 왔을 때 공부를 했던 황조황태신궁을 방문하여 스승인 타케오고코로 친왕과도 재회를 한다.

예수는 이름도 일본식으로 도라이 타로 다이텐쿠로 개명하고 유미코라고 하는 여자와 결혼하여 1남3녀를 두었다. 아들은 병으로 일찍 죽었으나 장녀는 헤라이 마을의 사와구치(澤口) 가문에, 차녀는 다츠코쵸(田子町)의 가이모리(貝守) 가문에, 삼녀는 사이고시(西越)의 노구치(野口) 가문으로 각각 출가하였다고 한다.

헤라이 마을에서 예수는 특별히 포교활동을 하지는 않았지만, 일본 각지를 돌아다니면서 언어, 풍속, 인정 등을 살피는 한편 서민구제에 힘썼다고 한다. 그후 예수는 게이코(景行) 천황 11년(A.D 81) 12월 25일 헤라이산에서 118세의 천수를 다하였다고 한다.(신고무라에서는 106세로 되어 있다)

오늘날 12월 25일 크리스마스는 예수의 탄생일이라 하여 전세계 기독교인뿐만 아니라 비기독교인들도 들뜬 마음으로 지내는 축제일이 되었으나, 사실은 예수의 기일(忌日)로 조용히 명복을 빌어야 하는 날이라는 것이다.

예수의 유언에 따라 그의 시신은 헤라이산에서 풍장(風葬)을 하였고, 4년 후에 유골을 수습하여 매장을 한 것이 바로 오늘날 남아있는 도라이즈카, 예수의 무덤이라는 것이다.

예수의 유언서 발견과 그 후손

1935년 5월 26일, 소위 만국고대문학연구회(萬國古代文學硏究會)라는 단체 소속 고고학자들에 의해 '예수의 유언서'라는 것이 발견되었다. 그 내용은 예수가 일본에 오게 된 경위 및 이스라엘 갈보리 언덕에서 동생 이스키리가 형 대신 십자가에 못박혀 죽게 된 내용과 그후 예수의 일본으로의 귀환 내용이 적혀 있다.

또한 예수가 십자가에 매달려 죽기 전에 "엘리 엘리 라마 사박다니"('나의 하나님, 나의 하나님 어찌하여 나를 버리셨나이까'의 의미[마태복음 27장 46절, 마가복음 15장 34절])라고 하며 하나님을 원망하는 듯한 말을 한, 성인답지 못한 말투도 십자가에 매달린 사람이 동생 이스키리였기 때문이라고 적혀 있다.

이 '유서'는 현재 '그리스도의 무덤' 앞에 지어져 있는 그리스도 전승관(傳承館)에 전시되어 있다.

이밖에도 두 통의 유서가 더 있어 예수의 유언서는 모두 세 통이나 되는 셈이다. 이 유언서에 의하면 예수는 21세부터 33세까지 12년간 일본에 체재한 것으로 되어 있다. 그러나 이는 『다케우치 문서』의 내용과도 차이가 있다. 『다케우치 문서』에서는 예수가 18세에 일본에 도착해 5년간 공부를 하고 이스라엘로 돌아간 것으로 되어 있기 때문이다.

헤라이 마을 사람들은 옛날부터 도라이즈카와 쥬다이보 두 무덤이 있는 곳을 묘소관(墓所館)으로 불러왔다고 한다. 1930년대까지만 해도 어째서 그런 명칭이 붙었는지 몰랐었는데, '예수의 유언서'의 발견으로 그 유래가 밝혀지게 되었다는 것이다.

묘소관 근처 사와구치(澤口)라는 곳에 '미코(神子)의 유적(흔적)'이라 불리는 집이 있다. 이 집안은 1800년 이상 된 오랜 가문으로 대대로 이 무덤을 지켜왔다고 한다. '미코의 유적'에서 미코란 예수가 신(하나님)의 아들이므로 그렇게 부르게 된 것이며, 이 가문은 메이지 시대 이후 지명인 사와구치를 성으로 쓰게 되었다고 한다.

사와구치 가문에서는 선조 대대로 네 발 짐승은 먹지 않는다고 하며, 가문의 문장(紋章)이 도라지인데, 이것을 도형으로 나타내면 ✡ 모양이 되어 유태 민족의 심벌 마크이며 이스라엘의 국기에도 사용

▲ 사와구치가의 문에 새겨진 문장

◀ 그리스도의 전승관

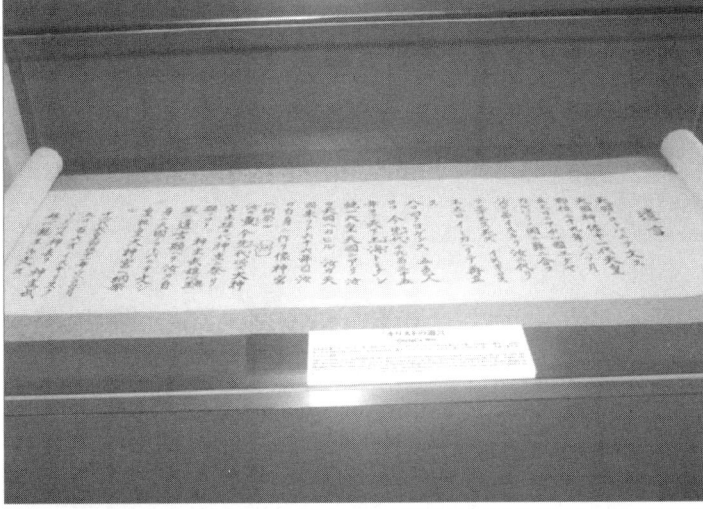

◀ 그리스도의 유언서

◀ 예수의 후손이라는
　사와구치가 무덤

되고 있는 이른바 '다윗의 별'과 같은 꼴이다.

그리고 조금 이상한 이야기지만, 이 묘소관 근처에 사와구치 가문 이외의 사람이 주거를 마련하면 영락없이 그 집에 이변이 일어나 곧 죽음에 이르게 된다고 한다.

야마네 기쿠의 예수 · 석가 일본 도래설

'예수 일본 도래설'을 말할 때 빼놓을 수 없는 인물이 하나 있다. 야마네 기쿠라는 인물이다. 야마네는 1895년 야마구치현(山口縣)에서 태어났다. 그녀는 일찍이 기독교에 관심을 가져 요코하마 신학교를 졸업한 후, 사회복지 관계 업무에 종사하는 한편 고대사 연구에도 열심이었다. 그리스도의 탄생과 부활에 의문을 가지면서도 전도 및 종교활동은 계속하였다.

그녀는 급속한 변화를 보이는 이 세상의 현실에서 종교의 무력함

▲ 『빛은 동방으로부터』

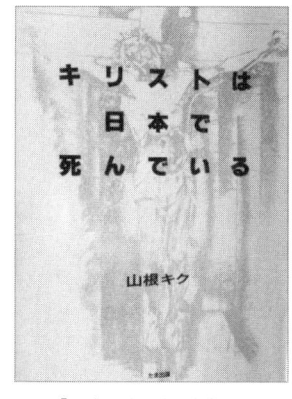
▲ 『그리스도는 일본에서 죽었다』

을 느끼고 정치활동을 시작하여, 1922년 부인단체에 가입하여 활동하였다. 그후 그녀는 이혼의 아픔을 겪고, 또한 다케우치 기요마로를 만남으로써 사상적으로나 신앙적으로 커다란 변화를 맞게 된다. 본인 말로는 일본 고대사의 진실에 눈을 뜨게 되어, 예수 그리스도의 일본 도래설 연구에 전력을 다하게 되었다고 한다.

그리하여 야마네는 1937년 일본 각지에 있는 유적 및 풍습 등을 조사하여 예수의 일본 도래를 입증한, 당시로서는 파격적인 『빛은 동방으로부터』라는 책을 출판했다. 내용이 내용인만큼 미국의 여러 신문에도 소개되고, 일본 국내에서도 문화영화, 잡지, 신문에 실려 학계 및 종교계에 파문을 일으켰다고 한다.

그러나 당시의 일본은 군국주의가 한창인 비민주적인 시대이므로 이 책은 발매금지 처분 등의 탄압을 받았다고 한다. 패전후 더욱 연구에 정진을 한 그녀는 많은 성과를 얻었고, 그 사실을 공표하여 예수의 영혼을 위로하고 세계의 참 모습을 전하려고 새로이 『그리스도는 일본에서 죽었다』라는 책을 집필하였다고 한다.

이 책에서 야마네는 예수뿐 아니라 불교의 개조 석가의 일본 도래도 주장하고 있다. 예수의 무덤도 있는데 석가의 무덤이 없어서야 말이 되지 않는가? 석가의 무덤이 있는 곳은 아오모리현 오우본선(奥羽本線) 다이샤카역(大釋迦驛) 근처에 있는 본쥬산(梵珠山: 해발 468 미터) 위에 있다.

야마네 기쿠가 '기록'한 석가의 생애

야마네에 의하면 석가는 19세에 수행을 위해 왕성을 나섰다고 한다. 석가의 인도에서의 본명은 '싯타'이며 우리가 오늘날 흔히 알고 있는 '싯달타'는 숙부의 이름이었다고 한다. 숙부의 아들, 즉 사촌인 다이와는 걸인처럼 지내는 싯타를 구박하였으나, 도(道)를 구하려는 그의 생각에는 변함이 없었다.

마침내 싯타는 카라라 선인(仙人 : 히말라야 개척의 명을 받고 인도에 파견된 후키아에즈조[不合朝 : 초대 신무천황 이전에 72대에 걸쳐 있었다고 하는 왕조이나 전혀 근거없는 주장] 57대 아마츠 테루오노오[天津照雄之男] 천황의 두 왕자의 5대손이라고 함)을 만나 여러가지 가르침을 받은 후 일본으로 가라는 지시를 받았다고 한다.

일본으로 가는 도중 52세의 싯타는 제자들을 떠나 탁발(托鉢 : 중이 경문을 외면서 집집마다 다니며 동냥하는 일)을 하면서 스리랑카까지 오게 되었는데, 마침 걸인 하나가 큰 나무 밑에 쓰러져 곧 숨이 넘어가려 하고 있었다. 싯타는 그 불쌍한 걸인에게 '안심입명(安心立命)의 도'를 설파한 후, 서로의 옷을 바꿔 입었다고 한다. 그리하면 싯타를 찾아 헤매던 제자들이 발견해서 정중하게 장례를 치러줄 것이라는 말을 듣고, 걸인은 즐거운 마음으로 죽음을 맞이했다고 한다. 이때 싯타는 그 걸인의 시체를 덮기 위해 머리부터 거적을 덮어 주었는데, 이것이 칠조가사(七條袈裟)의 기원이라고 한다.

그후 일본에 오게 된 싯타는 이름을 석가로 바꾸고 장수를 하다

116세로 죽었으며, 그 시신은 아오모리현 본쥬산에 묻혔다고 한다.

1920년대 초반 일본의 「호치신문(報知新聞)」에 인도 북부의 동굴 속에 새겨져 있는 한 장의 초상 사진이 실렸었다. 처음에는 석가의 초상으로 알려졌으나, 야마네 기쿠가 17, 8세 무렵의 예수의 모습이라고 밝혔다고 한다.

예수와 석가, 세계의 양대 성인 모두 일본에 와서 여생을 마쳤다고 하니, 허황 치고는 정말 스케일이 크다.

일본계 인물 모세의 로마 건국

성경에 나오는 인물 중에서 모세라고 하면 아마 기독교 신자가 아니라 하더라도 모르는 사람이 없을 것이다. 찰톤 헤스턴과 율 브리너라는 왕년의 할리우드 대스타가 주연으로 나온 영화 <십계>를 떠올리는 노장년층도 많을 것이다. 바로 그 모세의 무덤도 버젓이 일본에 있다는 것이다.

우리나라 동해에 면한 일본의 혼슈(本州 : 일본 최대의 섬)의 가운데쯤 보면 마치 옷걸이의 손잡이처럼 불쑥 튀어나온 반도가 하나 있다. 행정구역상으로는 이시가와현에 속하는 노토 반도이다. 이 노토 반도의 남단 오시미즈쵸(押水町) 호다츠산 기슭에 모세 부부와 손자 탈라스의 무덤인 미츠즈카(三塚)가 있다. 현재는 '모세 파크'로 깨끗하게 정비되어 있어 주민들의 삼림욕, 조깅 코스로도 애용되고 있다.

◀ 전설의 숲 모세 파크

◀ 모세 파크 안내도

◀ 모세 삼림욕 코스 안내도

성서에서의 모세

모세는 유대교의 창시자이며, 성경에 나오는 인물 중에서도 가장 유명하고 중요한 사람의 하나일 것이다. 구약성서의 출애굽기, 레위기, 민수기, 신명기 모두 모세의 생애를 다루어 구약성서의 인물 중에서 가장 많이 언급되었다.

야곱의 열 두 아들을 비롯한 칠십 명의 일족으로 시작된 이집트에서의 이스라엘 사람들의 생활은 4백 여년 후 신왕조 성립과 함께 이제까지의 여유롭던 처지가 노예적 신분으로 전락되어 강제노동을 해야 하는 지경에 이르렀다.

모세는 B.C 1530년 경 이집트에서 레위족 히브리(이스라엘인) 노예의 아들로 태어났다. 특히 모세가 태어난 시대는 극단적으로 히브리 사람을 억압하던 때라 히브리 사람들이 아들을 낳으면 그대로 죽여버리라고 하는 잔혹한 명령이 내려진 시기였다.

석 달을 숨겨 키운 모세의 어머니는 더 이상 아기를 키울 수 없게 되자, 그 아기를 갈대 상자에 담아 나일강에 띄운다. 마침 강가로 목욕을 하러 나온 이집트 공주가 발견하여 궁중으로 데리고 가 왕실 교육을 시키며 키우게 된다. 모세라는 이름도 '물에서 건져내다' 라는 뜻으로 붙인 것이다.

모세는 자라면서 자신이 히브리인이라는 자의식을 갖게 되고, 같은 히브리인을 괴롭히는 이집트인을 살해한 후 파라오가 죽이려 하자 시나이 반도의 미디안 광야로 도망쳐, 그곳 제사장인 이드로 가문에 들어간다. 모세는 이드로의 딸 십보라와 결혼하고 게르솜이라는 아들도 낳는다.

모세는 40년간 미디안 광야에서 목축을 하면서 때를 기다린다. 이윽고 모세를 죽이려 한 파라오도 죽고 후계자가 왕이 되었으나 이스라엘 백성들의 처지는 조금도 개선되지 않았다. 모세는 호렙산 떨기나무 불꽃 속에서 하나님을 만나는 체험을 한 후 하나님으로부터 권위와 힘을 부여받았다. 그는 이집트로 돌아가 파라오에게 이스라엘 백성을 데리고 이집트를 떠날 수 있게 해달라고 요청하나 일언지하에 거절당한다.

그리하여 하나님은 파라오의 마음을 돌리기 위하여 열 가지 재앙을 내린다. 열 가지 재앙은 다음과 같다.

1. 강물을 피로 만들어 마실 수 없게 함
2. 개구리가 온 나라를 뒤덮게 함
3. 온 땅의 티끌로 이를 만듦
4. 파리떼의 습격
5. 전염병으로 이집트인의 가축을 몰살시킴
6. 악성 종기를 퍼뜨림
7. 우박으로 농작물을 망치게 함
8. 메뚜기의 창궐
9. 3일간의 암흑세상
10. 짐승의 첫 태생과 이집트인 장남의 죽음

결국 열 가지 재앙을 고스란히 당하고 난 파라오가 어쩔 수 없이 이스라엘 백성의 출국을 허락하자, 모세는 이들을 이끌고 이집트를 나온다.

모세를 비롯한 이스라엘 백성이 홍해 부근에 도착했을 때, 그 동안 마음이 변한 파라오가 군대를 보내 추격을 해온다. 그러자 모세가 지팡이를 들고 바다 위로 손을 내밀자 바다가 좌우로 갈라져 마른 땅이 나타났다. 이스라엘 백성이 걸어서 바다를 모두 건넌 후, 이집트군이 말과 전차를 몰고 바다 가운데로 뒤쫓아 들어오자 바닷물이 원상태로 되돌아와 이집트군을 하나도 남김없이 몰살시켰다.

모세는 이스라엘 백성들을 이끌고 시나이 반도를 남하하여 시내산에 도착하였다. 모세는 시내산에 올라가 하나님으로부터 십계명을 새긴 두 개의 돌판을 받고, 40일간 머물며 하나님으로부터 이스라엘 백성들이 지켜야 할 온갖 규범을 일일이 지시 받으며 하나님과 계약을 체결하였다. 하나님의 명령을 잘 지키면 가나안 땅의 이민족을 전부 쫓아내고 이스라엘 백성들에게 넘겨주겠다는 것이다.

모세는 결국 하나님과의 계약대로 이스라엘 백성들을 가나안 땅 근처까지는 인도하지만, 40년간 광야에서 방황하며 가나안 땅에는 발을 들여놓지 못하고 B.C 1410년 경 120세의 나이로 모압땅(오늘날의 요르단 서부지역)에서 죽었다. 또한 모세는 구약성서의 창세기, 출애굽기, 레위기, 민수기, 신명기 등 이른바 '모세오경'의 저자로 알려져 있다.

모세의 일본 도래

　이러한 모세가 '일본에 오게 된 경위'에 대해 역시 『다케우치 문서』가 기록하고 있다. 『다케우치 문서』에 의하면, 모세는 후키아에 즈조 제69대 천황 칸타라와케 도요스키노 스메라미코토(神足別豊鉏天皇) 즉위 2백년에 일본에 와서 12년간 체재했다고 한다. 모세가 십계명을 전수받은 곳은 시나이 반도 시내산이 아니라 일본의 노토 반도의 호다츠산이라고 한다.

　구약성서 출애급기에서는 모세가 시내산에서 하나님으로부터 십계를 전수받은 것으로 되어 있으나, 사실은 모세는 시내산에서 반대

▲ 모세의 전설 해설 석비

편으로 내려와 홍해의 아카바만에서 배를 타고 일본으로 향하여 오랜 항해 끝에 오늘날의 이시가와현 노토 반도의 호다츠 해안에 상륙하였다고 한다.

그리고 황조황태신궁에서 41일간 수행을 한 후, 호다츠산에서 당시의 칸타라와케 도요스키 천황으로부터 십계석을 하사받았다. 모세는 십계석을 지참하고 다시 이스라엘 땅으로 돌아가 유대 백성들에게 가르침을 주었다는 것이다. 그러므로 유태교의 발상지는 당연히 일본이라는 것이다.

이 후키아에즈조 제69대 칸타라와케 도요스키 천황은 원래 많은 국가, 민족에게 율법을 전한 천황이라고 한다. 유태인들은 하나님으로부터 전해 받은 율법을 토라(Torah)라고 하는데, 칸타라와케 도요스키 천황의 이름 중 '타라와케(足別)' 란 '토라를 나누어주다' 즉 '율법 배포'의 의미라는 것이다.

이 천황의 재위 33년쯤에 지구에 대이변이 일어났다고 한다. '잃어버린 대륙문명'으로 유명한 태평양의 '무 대륙'과 대서양의 '아트란티스 대륙'이 바다 밑으로 가라앉아 버렸다는 것이다. 칸타라와케 천황은 대이변이 일어난 지 20년이 지난 즉위 52년에 만국 순행에 나서고, 즉위 158년에 귀국했다고 하니 100년도 넘는 초장기 여행을 한 셈이다. 각지에서 수 년씩 머물며 복구작업을 독려하기 위한 '위문 시찰'이었다나?

그러나 무(Mu) 대륙이나 아트란티스 주창자들도 보통 1만 2천 년 전의 일이라거나, 노아의 홍수도 5천년 전의 사건이라고 하는데, 그보다도 훨씬 최근에 지구적인 규모의 천재지변이 일어났다는 것은 납득하기 어렵다. 어차피 근거없이 지어낸 이야기지만.

일본에 있다는 모세의 십계석

찰톤 헤스턴이 모세로 분한 할리우드의 스펙터클 영화 <십계>를 보면 모세가 시내산에 올라 하나님으로부터 십계를 받는 장면이 나온다. 모세가 들고 있는 돌판에 번개가 번쩍이며 십계명의 구절을 새겨 넣는 장면 말이다.

이렇게 해서 만들어진 십계석이 지성소(至聖所)의 성궤(聖櫃) 안에 보관되어 오다가 유대 왕국의 멸망과 함께 종적을 감추게 되었고, 오늘날까지도 그 행방을 알 수 없게 된 것이다.

그런데 그 십계석이 일본에 있다는 것이다. 그것도 표(表) 십계석과 리(裏) 십계석 두 가지가 있다고 한다. 이 '표·리 십계석'은 모세가 몸소 돌에 새겨서 황조황태신궁의 외궁(外宮)에 봉납했다고 한다. 이 외궁은 일본 이외의 만국을 다스리는 궁으로 일명 월궁(月宮)이라고도 한다. 이곳에 세계 인류를 통치하기 위한 율법인 '표·리 십계'를 신체(神體)로 받들어 모신다는 것이다.

이 십계석에는 신대문자(神代文字)가 새겨져 있는데, '표 십계석'은 우리가 익히 알고 있는 구약 출애급기 20장에 있는 '살인하지 말라' '간음하지 말라' '우상을 섬기지 말라' 등의 정통 십계명을 말하고, '리(裏) 십계석'의 내용은 다음과 같다고 한다.

1. 일본신을 배례(拜禮)하라.

2. 조국천황신을 배례하라.

3. 태양신을 거역하지 마라, 거역하는 자는 궤멸될 것이라.

4. 천국, 조국, 신의 율법을 지켜라.

5. 조국, 천황을 배반하지 말라.

6. 분방(分邦), 만국민의 율법을 지켜라.

7. 분방의 율법을 제정하는 분방민, 조국의 율법을 거스르지 말라.

8. 흑백을 분명히 가리어라.

9. 들어라, 이밖에 너 모세 외에 신이 없다.

10. 태양신을 배례하라.

십계라고는 하지만 서로 비슷한 내용이거나, 일본, 조국, 천황, 태양신 등 전형적인 천황지상주의, 일본지상주의의 냄새로 코를 막고 싶을 정도이다.

모세(로물루스)의 로마 건국과 일본 귀환

성경에는 모세가 이스라엘 백성들에게 십계명을 전하고, 그들을 '젖과 꿀이 흐르는 약속의 땅' 가나안으로 인도하기 위하여 40년간 광야를 헤매다 가나안 땅을 코 앞에 두고 사해 동쪽 모압땅에서 120세에 죽은 것으로 되어 있다.

그러나 사실은 모세가 그곳에서 죽은 것이 아니라는 것이다.(구약

성서 신명기 34장 6절에 모세의 묘는 알 수가 없다고 되어 있다)

『다케우치 문서』에 의하면 모세는 일단 유태 건국의 기초가 마련되었다고 보고 후사를 자신이 가장 신뢰하는 측근 여호수아에게 맡긴 후, 이집트 나일강 산 마노(瑪瑙)로 만든 십계석을 가지고 재차 일본에 와서 천황에게 그것을 헌상하고 그 동안의 경과를 보고했다는 것이다.

모세의 귀국보고를 듣고 기쁜 나머지 천황은 첫째 황녀인 오무로히메(大室姬)를 모세에게 주어 부인으로 삼게 하였다. 이윽고 모세 부부는 새로운 사명을 띠고 이탈리아 반도로 향하게 된다.

모세에게는 세계 역사상 중요한 과업이 기다리고 있었다. 바로 로

▲ 모세 파크 안에 있는 모세의 무덤

마의 건국이다. 곧 모세 부부는 이탈리아 반도로 건너가 '로마건국의 아버지'로 알려진 로물루스(Romulus)가 되었다는 것이다.

이처럼 엄청난 로마 건국의 대업을 완수한 모세 부부는 일본으로 돌아와 노토 반도의 호다츠산에서 583세의 초인적인 여생을 보냈다고 한다. 현재 이시가와현 하쿠이군의 호다츠산에 있는 미츠즈카는 모세 부부와 손자인 탈라스 이호프빌리우스의 무덤이라고 한다.

또 모세의 손자의 무덤은 있는데 아들의 무덤이 없는 이유는, 세 명의 아들중 장남은 그리스, 차남은 로마, 삼남은 카르타고(현재의 튀니지)에 파견되어 그 지역을 다스리다 모두 현지에서 사망하여 장례를 치루었기 때문이라고 한다.

이것이 사실이라면 모세와 로물루스는 경천동지할 역사적인 1인 2역이 되겠지만, 모세(기원전 15~6세기)와 로물루스(기원전 8세기)의 연대상의 문제라든가, 로물루스의 쌍둥이 형제 레무스는 어떻게 되는 것인지?

로마 건국 이야기

오늘날까지도 세계문학사 최고 걸작의 하나인 호메로스의 『일리어드』에 나오는 트로이 전쟁에서, 그리스군의 '목마작전'으로 트로이는 왕족·서민 할 것 없이 살해되거나, 살아도 노예가 되는 비참한 최후를 맞게 되었다. 이러한 참극의 와중에서 트로이 왕 프리아모스의 사위인 아이네아스만이 어머니인 비너스 여신의 도움으로 일족을 이끌고 살아남는다.

아이네아스 일행은 그리스의 여러 섬들과 카르타고, 시칠리아를 거쳐 우여곡절 끝에 이탈리아 중부의 티베르강에 도착하여, 그 지역의 왕인 라티누스의 딸 라비니아를 아내로 맞아 정착하게 된다. 아이네아스가 죽은 뒤에 아들인 아스카니오스가 왕위를 물려받은 후 새로운 땅으로 옮기어 알바롱가라는 새 도시를 건설한다.

그로부터 4백 여 년이 지난 13대 왕 프로카스에게는 누미토르와 아무리우스라는 형제가 있었고, 프로카스의 사후 형인 누미토르가 왕위를 이었다. 그런데 동생인 아무리우스는 형에게서 왕위를 빼앗으려고 조카를 죽이고, 조카딸인 실비아는 신전의 무녀로 만들었다.

어느 날 실비아가 '마르스의 숲'으로 물을 길러 갔다가 잠깐 잠이 든 사이에 한 눈에 반한 군신(軍神) 마르스가 하늘에서 내려와 실비아와 사랑을 나누었다. 그리하여 실비아는 쌍둥이를 낳게 되었다.

이러한 사실을 알게 된 숙부 아무리우스는 실비아의 파계에 노하여 그녀를 감옥에 가두고, 쌍둥이는 바구니에 담아 티베르 강에 띄워 보낸다. 쌍둥이를 담은 바구니는 티베르 강을 떠내려가다 강가의 갈대 숲에 걸려 멈추었고, 마침 근처에 있던 어미 늑대가 두 아기를 발견하고, 젖을 먹여 살리게 되었다.(결국 모세 이야기와 공통점인 이 부분 때문에 모세와 로물루스의 1인2역 이야기가 나오게 되었음을 알 수 있다)

그후 목동 파우스투루스가 쌍둥이를 발견하여 집에 데리고 와 키우게 되었으며. 두 아이에게 로물루스(Romulus)와 레무스(Remus)라는 이름을 지어주었다. 로물루스와 레무스는 성장하여 그 일대 양치기의 우두머리가 되었으며, 마침내 자신들의 출생의 비밀도 알게 되었다.

로물루스 형제는 무리를 이끌고 알바롱가로 쳐들어가 아무리우스를 죽이고 외할아버지 누미토르를 복위시킨 후, 자신들이 성장한 티베르 강가에 새로운 도시를 건설하기로 한다. 형제는 분할통치를 하기로 하여, 로물루스는 팔라티누스 언덕에, 레무스는 아벤티누스 언덕에 각각 자리를 잡기로 하였다.

로물루스는 세력권의 경계를 나타내기 위해 도시구역 주위에 도랑을 파놓았는데, 어느 날 레무스가 이를 뛰어넘었다. 이것은 명백한 권리침해 행위이므로 로물루스는 레무스를 죽이고, 자신의 이름을 따서 지어진 로마의 최초의 지배자가 된 것이다. 때는 기원 전 753년 4월 21일, 로물루스의 나이 열여덟이었다.

로마는 모세와 관련없이 이렇게 이루어진 것이다.

11

일본에서 죽었다는 양귀비

서양에 클레오파트라가 있다면 동양에는 양귀비가 있다. 웬만한 사람이라면 동양의 대표 미인인 양귀비를 모르는 사람이 없을 것이다. 예수, 모세, 공자, 석가는 물론 마호멧까지 종교적인 위인들뿐 아니라 역사적인 미녀도 일본의 손아귀에서 벗어날 수는 없다.

양귀비 역시 일본에 무덤이 있다. 양귀비는 유명한 신궁(神宮)의 제신(祭神)으로, 심지어는 사찰의 관음상(觀音像)으로 받들어 모셔지고 있기도 하다.

역사 속의 양귀비

양귀비는 중국 당(唐) 현종(玄宗 : 재위 712~56)의 총애를 받았던 미인으로, 원래의 이름은 옥환(玉環)이며 도호(道號 : 도교 입문 후의 이름)는 태진(太眞)이다. 출생지에 대해서는 산서성(山西省)과 사천성(四川省)의 설이 있으나 확실치 않다.

양귀비는 일찍 부모를 여의고 양부인 양현염(楊玄琰)의 집에서 자랐다. 어려서부터 가무와 음률에 뛰어났으며, 총명하면서도 용모가 천하절색이었다고 한다.

양귀비는 원래 현종과 무혜비(武惠妃) 사이의 아들인 수왕(壽王) 이모(李瑁)의 비로 궁궐에 들어갔다. 곧 현종의 며느리인 셈이다. 그녀의 나이 16세였다.(735) 끔찍이 사랑하던 무혜비가 죽자 현종은 양귀비를 아들 수왕과 헤어지게 하고 도교사원(道敎寺院)의 여도사(女道士)가 되게 하였다.(740)

그리고는 현종의 할아버지 고종(高宗)이 자신의 아버지 태종(太宗)의 후궁이었던 측천무후(則天武后)를 절에 보내 비구니로 만든 후 환속시켜 비로 삼은 전례를 보고 배웠는지, 4년의 뜸을 들인 후 양귀비 나이 25세 때 다시 궁으로 들어오게 한다. '전직' 며느리라는 껄끄러움을 없애는데 제법 오랜 시간을 투자한 것 같다.

현종은 양귀비를 위해 궁궐을 마련해 주고, 이름을 태진궁이라 하였다. 현종의 양귀비에 대한 총애로, 양귀비의 형제 자매들도 신분의 엄청난 수직상승을 하게 된다. 특히 양귀비의 사촌오빠 양쇠(楊釗)는 현종으로부터 국충(國忠)이란 이름을 하사받았고, 나중에는 재상 자리에까지 오르게 된다.

현종 치세에는 개원(開元)과 천보(天寶) 두 연호가 사용되었다. 현종은 즉위 초기에는 요숭(姚崇)과 송폭(宋璞)이라는 두 명재상의 보좌로 개원성세(開元盛世)를 이루어냈지만, 후기에는 두 간신 이임보(李林甫)와 양국충의 전횡으로 천보대란(天寶大亂)을 맞이하였다. 천보대란이란 바로 당 제국을 쇠망의 길로 이끌고 양귀비를 죽음으로 인도한 '안록산(安祿山)의 난'을 말한다.

안록산은 원래 이란계와 터키계의 혼혈로 비한족(非漢族) 출신이다. 그는 6개국어를 구사할 수 있었으며, 그 때문에 초기에는 교역관계 담당관리인 호시랑(互市郎)을 지내기도 했다. 그후 유주(幽州: 현재의 북경 지역)절도사(節度使: 황제를 대리하는 그 지방의 군사·행정의 실권자) 장수규(張守珪)의 부하가 되어 군인으로서의 우수함을 과시하게 되고, 나중에는 범양(范陽: 지금의 북경 지방), 하동(河東: 太原 지방), 평로(平盧: 동북 지방)의 삼 절도사를 겸임하기까지에 이른다.

『구당서(舊唐書)』에 의하면 안록산은 체중이 330근(약 200kg)이나 나가는 초비만형으로, 뱃가죽이 늘어져 무릎을 지났다고 한다. 10여 년 전 일본의 스모 선수 중에 하와이 출신의 코니시키(小錦)라고 하는 선수가 260kg이 넘는 체중이었는 데도 뱃가죽이 무릎 근처도 안 간 것을 보면, 중국인 특유의 심한 과장이겠지만 아무튼 엄청난 거구였던 것만큼은 틀림없는 것 같다.

안록산의 출중한 능력은 사람을 농락하는 기술이었다. 상대에 따라 자유자재로 연기를 할 수 있는 능력이 탁월하였다. 한번은 현종이 안록산의 거대한 뱃속에 무엇이 들어있는지 묻자, "신의 뱃속에는 폐하에 대한 진실한 마음만 들어있을 뿐입니다"라고 능청스럽게 대답을 하기도 하고, 자신을 후원해 주던 재상 이임보 앞에서는 한 겨울에도 얼굴에 땀을 흘리며 어려워 어쩔 줄 모르는 시늉을 하기도 했다. 심지어는 자기보다 14살이나 어린 양귀비의 양자가 되기를 청하며, 200kg의 거구가 기저귀만 찬 모습으로 커다란 바구니에 누워 갓난아기의 재롱을 연출하기도 했다.

원래 양국충은 안록산과 힘을 합쳐 이임보를 제거할 생각이었는데, 이임보가 먼저 죽자 그들 사이에 권력다툼이 벌어지게 되었다. 755년 11월 마침내 안록산은 간신 양국충의 타도를 명분삼아 반란을 일으켜 낙양을 점령한다. 그리고 이듬해인 1월 안록산은 낙양에서 황제를 칭하고 국호를 대연(大燕)으로 정했다.

같은 해 6월 안록산이 수도 장안(長安)을 공격하려 한다는 소식을 접한 현종은 새벽에 몰래 양귀비 자매, 양국충, 황태자, 비, 공주 및 신임하는 환관, 궁녀와 용무(龍武)대장군 진현례(陳玄禮)가 이끄는 소수의 호위병을 거느리고 촉(蜀 : 현재의 사천성)땅으로의 피난길에 오른다.

현종 일행이 장안의 서쪽지방인 마외(馬嵬 : 현재의 섬서성 흥평)에 도착할 즈음 호위병들의 불만이 폭발했다. 병사들은 이러한 국난을 초래한 것은 양씨 일족의 전횡과 양국충과 안록산의 불화 때문이라고 생각하고, 양국충과 양귀비의 자매들을 모두 살해한 후 양귀비의 처형까지 요구하였다.

결국 현종도 어쩔 수 없이 양귀비의 죽음을 승인하지 않을 수 없었다. 이미 사태의 심각성을 알아차린 양귀비도 죽음을 받아들이기로 결심하고, 마외 역사(驛舍) 앞의 배나무 가지에 허리띠를 풀어 스스로 목을 매어 죽는다. 이때 양귀비의 나이 37세였다.

지금도 중국 섬서성 흥평시 마외에 가면 양귀비의 묘가 있어, 찾는 이마다 새삼 미인박명(美人薄命)의 의미를 곱씹게 해준다.

일본에 왔다는 양귀비

일본에는 양귀비 관련 유적이나 유물이 많이 있다. 그만큼 양귀비의 일본 도래에 관한 설이 많다는 말인데, 그 중에서 대표적인 설 두 가지를 살펴보기로 한다.

아츠다신궁(熱田神宮)은 일본 황실의 보물이라는 '3종의 신기(神器)'의 하나인 쿠사나기노 츠루기(草雉劍)를 소장하고 있는 유서깊은 곳이다. 일본 제 3의 도시 나고야(名古屋)에 소재한 아츠다 신궁

▲ 아츠다 신궁

경내에 내천신사(內天神社)라고 하는 섭사(攝社: 본사의 제신과 인연이 깊은 신을 모신 신사)가 있다.

내천신사는 이렇다 할 특징이 없는, 아니 오히려 다른 섭사에 비해서도 초라한 사당이지만, 오랜 옛날부터 전해 내려오는 기괴하면서도 흥미로운 이야기가 있다. 내천신사의 제신이 바로 양귀비라는 것이다.

『선전습유(仙傳拾遺)』라는 고서를 보면, "옛날 당의 현종 황제가 4백 여 주를 다스리며… 우리 일본을 침략하려는 계획을 당사(내천신사)의 신께서 미리 아시고, 가짜 양귀비로 변신하여 세상을 어지럽히면 일본을 도모할 수는 없을 것…" 라는 구절이 있다.

▲ 아츠다 신궁 경내의 내천신사

▲ 아츠다 신궁내 淸水寺(양귀비 관련 유적)

　말하자면 아츠다 신궁의 제신(내천신)이 절세의 미녀 양귀비로 변신하여 당나라에 들어가, 현종의 눈을 흐리게 하고 정사를 돌보지 못하게 했다는 것이다.

　당시의 일본은 나라시대(奈良時代 : 710~94)이다. 나라시대 80여 년은 고대 일본의 황금시기로 귀족 및 관리들은 평안한 나날을 보낼 수 있었다. 그러나 한편으로 수도 헤이죠쿄(平城京)는 권모술수가 난무하는 세계로, 치열한 권력다툼이 끝없이 전개되고 있었다.

　또한 불교의 약진도 눈부셔 동대사(東大寺), 법화사(法華寺), 서대사(西大寺)를 비롯해 웅장하고 화려한 사찰이 세워지고, 그 세력이 정계를 좌지우지할 정도에 이르렀다. 그러나 모든 일이 순조롭기만 한 것은 아니었다. 사찰의 난립으로 불교의 폐해가 심각해 지고, 거듭되는 에조(蝦夷 : 현재의 동북 지방) 원정으로 막대한 군사비가 소요되어 국가재정이 파탄의 조짐을 보이기 시작한 것이다.

이러한 국가적 위기상황 하에서 당 현종의 일본 침공 정보가 나왔으니 모두들 놀라 자빠지지 않을 수 없었을 것이다. 당시 일본에게 있어 당 제국은 하늘의 태양같은 대국이었다. 이러한 당 제국이 소문대로 침략하여 온다면 일본의 전 국토는 순식간에 유린될 것이 틀림없었다.

그러므로 일본의 수많은 신들도 이를 걱정하여, 아마노야스노가와(天安河: 천상에 있는 강으로 신들의 회의 장소)에 모여 어떻게 이 난국을 헤쳐나갈 것인가를 의논하였다고 한다. 이렇다 할 묘안이 없이 회의는 난항을 거듭했으나, 결국 누군가가 절세미인 양귀비로 변신하여 당 제국으로 들어가기로 하였다. 이때 선발된 것이 아츠다 신궁의 내천신이라는 것이다. 이후 양귀비로 변신한 내천신이 비가 되어 영명한 군주였던 현종을 우매한 군주로 만들어 버리는데 성공한 이야기는 앞의 '역사상의 양귀비'에 기술한대로이다.

아무튼 이렇게 되어 당 현종은 일본을 침략하기는커녕 자신의 생명조차 위태로워지고, 마외에서 죽은 양귀비의 혼백이 멀리 동해의 낙토(樂土) 아츠다로 날아와 숨어살았다는 것이다.

안록산의 난이 진압된 후 장안으로 돌아온 현종은 방사 양통유(楊通幽)를 사방으로 보내어 양귀비의 혼백을 찾게 한 결과, 일본의 아

츠다에 있음을 알게 되었다. 양통유는 아츠다를 방문하여 양귀비의
혼백과 만난 후 당으로 돌아가 현종에게 보고하였다. 이 보고를 받

▲ 유야쵸에 있는 양귀비의 묘

은 현종은 너무 놀란 나머지 병이 깊어져 죽었다고 한다.

　일본 야마구치현 유야쵸(油谷町)의 이존원(二尊院)에는 옛날부터
양귀비의 묘로 전해지는 석탑이 있다. 묘지의 중앙에 약간 높게 만
들어진 돌더미가 있고, 그 위에 3기의 오륜탑(五輪塔)이 서 있다. 중
앙의 큰 석탑이 양귀비의 묘이고, 좌우의 오륜탑은 양귀비를 따라온
고위 궁녀의 묘라고 한다. 이 3기의 석탑 주위에는 많은 오륜탑이 늘
어서 있는데, 모두 수행원의 묘라고도 한다.
　그러나 탑 모양을 보면 가마쿠라 시대(鎌倉時代 : 1192~1333) 이후
의 것으로 보여, 당 제국과는 아무 관계도 없는 것 같다.
　어쨌든 이곳 유야쵸 이존원의 전설은 실제 역사 속에서 양귀비가

최후의 순간을 맞는 마외에서 시작된다. 마외에서 배나무에 목을 매 죽었다는 양귀비는 사실 다른 사람이었다는 것이다. 실제의 양귀비는 대장군 진현례가 빼돌리고 양귀비의 시녀를 대신 죽였다는 것이다.

일설에는, 난을 일으킨 안록산이 원래 양귀비와 모자관계가 아닌 연인관계였으므로, 양귀비를 사모하는 마음 때문에 대장군 진현례에게 손을 써서 목숨을 살려주게 한 것이라고도 한다.

아무튼 진현례는 양귀비를 큰 배에 태우고 식량도 마련해 주어 현재의 상해 부근에서 출항시켰다고 한다. 이 배가 해류를 따라 일본의 야마구치현 유야만(油谷灣)에 도착했다는 것이다.

그후 현종은 양귀비를 잊지 못해 방사를 파견하여 불상 두 개를 보냈고, 양귀비도 유품의 의미로 비녀를 보냈다고 한다. 양귀비는 여생을 그곳에서 보내다 68세에 죽었다고 한다. 지금도 이존원 양귀비의 묘를 참배하면 예뻐진다고 하는 속설이 있어 젊은 여성들이 많이

▲ 양귀비의 마을 유야 관광안내판

▲ 이존원의 양귀비 상

찾는다고 한다.

그밖에 이존원의 석탑군에 대해서는 안도쿠 천황(安德天皇 : 제81대 천황, 재위 1180~85)의 묘라든가, 헤이케(平家) 관녀(官女)의 묘 또는 카잔 천황(花山天皇 : 제65대 천황, 재위 984~86) 비의 묘라는 전승도 있다. 『야마구치현의 역사산보』라는 책에서도 '양귀비의 묘'에 대해서는 의문을 표시하면서도 워낙 일반인에게 유명해진 터라 그 존재에 대해 언급하고 있다. 이 오륜탑은 1973년 10월에 현 지정 유형문화재로 지정되어 있다.

필자가 방문해 보니 이존원 옆에 커다란 양귀비 동상을 비롯해 중국풍의 건물을 지어 놓았고, 화장실에도 중국어로만 표기된 것을 보니 중국인 관광객 유치를 위해 꽤 힘쓰는 것 같았다.

양귀비 생존설의 배경

이렇게 황당무계한 양귀비 생존설이 나오기 시작한 것은 나라 · 헤이안 시대 초기로 꽤 오래 되었다. 당시로서는 상당히 현실성있게 받아들여진 것 같다. 왜냐하면 일본이 663년의 '하쿠스키노에(白村江 : 충청도 금강) 전투'에서 신라 · 당 연합군에게 패배한 후, 승전국인 당의 패전국 일본에 대한 압력은 상당하였기 때문이다.

현종 하면 양귀비와의 로맨스가 먼저 떠오르듯이, 그는 여자나 밝히는 연약한 황제의 이미지를 갖기 쉽다. 그러나 45년간의 치세에서 그의 정치적 역량은 대단한 것이었다. 즉위 초부터의 과감한 내정개혁으로 '개원의 치'를 이루었으며, 실크로드의 지배권을 확보하기 위하여 고구려 출신 고선지(高仙芝) 장군을 중앙아시아의 탈라스(오늘날의 키르키즈스탄)에 파견시켜 사라센 제국과 전투도 벌였다. (751)

비록 탈라스 전투에서 당군이 패배하기는 하였지만, 만약 당군이 승리하였다면 당 제국은 서쪽의 로마제국과 국경을 접하게 되어 동지나해로부터 지중해에 걸친 대제국을 건설하여, 현종 자신도 알렉산더나 징기스칸 이상의 제왕이 되었을지도 모르는 일이었다.

이렇게 역동적이었던 현종이 동쪽으로 눈을 돌린다면 일본은 무사하지 못할 것으로 당시 일본 사람들이 생각했을 지도 모르겠다. 또 안록산의 난 소식이 일본에 전해지자, 당시 일본의 최고지도자였던 후지와라노 나카마로(藤原仲麻呂)는 안록산이 일본에 쳐들어올지 모르니 타자이후(太宰府 : 큐슈 지방의 관청)에게 서해의 경계를 강화하라는 명령을 내릴 정도였다.

8세기 경 견당사(遣唐使)의 일원으로 당나라 문화를 일본에 전한 기비노 마키비(吉備眞備)의 모친이 야기(楊貴 또는 楊木) 가문 출신이다. 이처럼 야기(楊貴)씨는 고대부터 존재한 성씨다. 유야 지방의 오래된 가문인 야기(八木)씨도 옛날에는 야기(楊貴)씨의 후손이라고 한다. 이존원의 양귀비 묘 뒤쪽에 야기가(八木家)의 묘가 있는 것을 보면, 八木(야기) ~ 楊貴(야기) ~ 楊貴妃(양귀비)로 연상게임을 하는 듯이 이야기를 지어내게 된 것이 아닌가 생각된다.

▲ 야기가(八木家)의 묘

　일본에는 아츠다 신궁이나 유야쵸 외에도 양귀비 관련 유적이나 유물들이 많이 있다. 와카야마(和歌山)에는 양귀비의 묘와 양귀비가 사용했다는 욕조가 있고, 나가사키(長崎) 마루야마(丸山)에는 양귀비가 애용했다는 베개가, 또 요코하마 쇼묘지(稱名寺)에는 주렴(珠簾)도 있다.

　이러한 유물이 있는 곳의 사람들은 양귀비의 출생지가 그곳이라든가, 양귀비가 죽은 곳이 이곳이라든가 하는 식으로 굳게 믿고 있다고 한다.

12

서복(徐福)은 이민사기꾼의 원조

서복은 실존 인물인가?

사마천(司馬遷)의 『사기(史記)』「회남·형산 열전(淮南衡山列傳)」을 보면 불로불사의 영약을 구하려는 진시황(秦始皇)이 동남동녀(童男童女) 삼천 명과 오곡(五穀), 백공(百工: 여러 가지 기술자)을 딸려 신선이 살고 있는 동해의 봉래산(蓬萊山)에 서복을 보냈다고 기록되어 있다.

그러나 80년대 초까지만 해도 우리나라나 일본은 물론 중국조차도 서복의 실존에 대해 부정적·회의적이었으며, 단순한 민간설화 정도로 치부하여 학계의 연구대상으로도 소홀히 하였었다.

그러나 1982년 6월 서복의 실존을 입증하는 증거가 중국에서 발견되었다. 당시 중국에서는 『중화인민공화국 지명사전』을 편찬중이었는데, 강소성(江蘇省) 감유현(贛榆縣)의 지명을 조사하다가, 문득 관심을 끄는 오래된 기록을 발견했다. 그것이 바로 서부촌(徐阜村)이다. 그 지방의 향토사료에 의하면 서부촌은 청조(淸朝) 건륭제(乾隆帝 : 재위 1735 ~ 95) 이전까지는 서복촌(徐福村)으로 불리었다고 한다.

현지조사 결과 서복이 진시황의 명으로 불로초를 구하러 동쪽으로 떠났다는 전승 및 서복의 실존을 증명하는 대량의 사료가 민가의 광이나 관청의 창고에 두터운 먼지를 뒤집어 쓴 채 잠들어 있었다. 이 사료들을 접한 학자들이 놀라 특별연구실을 만들어 역사학회에서 정식으로 서복을 연구하게 되었다. 그리하여 3년간의 고증을 거쳐 서주사범(徐州師範)의 나기상(羅其湘) 교수가 「서복촌의 발견」이란 논문을 발표하기에 이르렀다. 그리하여 오늘날 중국에서 서복은 전설상의 인물이 아닌 역사적인 인물로 받아들여지고 있다.

이제까지 서복의 출신에 대해서는 사마천의 『사기』에 '서복 또는 서불(徐市 : 서복의 다른 이름)은 제(齊)의 낭야(琅邪) 사람' 이라고만 기록되어 알려져 있었지만, 실제로는 중국 굴지의 명문귀족 출신이었다고 한다.

1987년 2월의 조사과정에서 중국 강서성(江西省) 임천(臨川)에 사는 서복의 후손이라는 사람 집에서 초평서씨종보(草坪徐氏宗譜)라는 족보가 발견되었다고 한다. 거기에 서불의 이름이 분명히 기재되어 있었으며, 그후 이 소식이 알려지자 전국 56개소에서 서복의 후손들의 족보가 속속 발견되었다. 각각의 후손들이 직접적으로 연결되지는 않았으나, 족보를 조사해 보니 서복으로부터 따져 대체로 71대 내지 73대 후손이었다고 한다.

이 족보들에 의하면 서복의 먼 조상은 삼황오제(三皇五帝)의 하나인 전욱(顓頊)에서 시작하며, 하(夏) 왕조 초기에는 서(徐 : 오늘날의 강소성 북부)의 왕에 봉해졌다고 한다. 서씨(徐氏) 일족은 은(殷) 시대에 각 지역으로 흩어져, 주로 양자강, 사수(泗水), 황하 유역 일대에서 번성하였다.

서국(徐國)의 구왕(駒王) 강(康)은 서주(西周)의 성왕(成王)이 즉위했을 때 동방제후(東方諸侯)의 군대를 이끌고 은을 도왔으나 패했다. 후에 언왕(偃王)이 나왔을 때 서주의 도성을 공격했으나 역시 당시의 목왕(穆王)에게 패했다. 이 언왕의 29대손이 바로 서복이라고 한다.

그 뿐만이 아니다. 순제(舜帝) 시절 서복의 선조 중 한 사람이 영(嬴)이라는 성씨를 하사받았다고 한다. 진시황의 황실의 성도 영이므로 서복과 진시황제는 동성동문인데다, 서복의 가문이 본가에 해당한다는 사실을 알게 되었다고 한다.

그러므로 이러한 서복이 일본에 왔었다고 하는 일본측의 주장은 앞에서 언급한 다른 유명인(예수, 모세, 양귀비 등)의 경우보다는 상당히 신빙성이 있다고 할 수 있다. 그러다 보니 서복 도래 관련 유적지가 일본 전국에 20여 개소가 되는 등 인기가 높다. 물론 중국 산동반도 부근에서 배로 일본을 가려면 거의 한반도의 서해안이나 남해안, 또는 제주도를 경유하지 않을 수 없으므로 우리나라의 제주도와 남해안 일대에도 서복 관련 설화가 많이 남아 있다.

진시황의 중국 통일

지금으로부터 2200여 년 전인 B.C 221년 진(秦)의 시황제(始皇帝)는 최초의 중국 통일의 대업을 달성했다. 그의 나이 39세였다. 진시황이 천하통일을 하기 전의 이름은 정(政)으로 장양왕(莊襄王 : 왕자 시절의 이름은 자초[子楚])의 아들이다.

사마천의『사기』에는 진왕 정의 실부는 대상인(大商人) 여불위(呂不韋)라고 되어 있다. 일찍이 장양왕 자초는 조(趙)나라의 수도 한단에 인질로 보내졌다. 인질로 잡혀와 고생하고 있는 장양왕을 장사꾼답게 장래를 내다보고 투자하기로 생각한 여불위가 이미 임신 중인 자기의 애인을 장양왕에게 주어 낳게 한 것이 진왕 정, 훗날의 진시황이라는 것이다.

장양왕 자초는 진나라 소왕(昭王)의 손자이며, 태자 안국군(후의 효문왕)의 20명이 넘는 아들 중의 하나였으나, 별로 사랑받지 못하는 후궁 소생이었으므로 조나라에 인질로 보내진 것이다. 여불위는 자식이 없는 안국군의 정처의 언니인 화양부인(華陽夫人)에게 손을 써서 자초를 태자로 만드는데 성공한다.

B.C 250년 안국군이 즉위하여 효문왕(孝文王)이 되었으나 1년만에 죽자, 이듬해 자초가 즉위하여 장양왕이 되었다. 장양왕은 여불위를 재상으로 임명하고 낙양(洛陽) 땅 10만호를 식읍(食邑)으로 하사

하여 왕을 만들어준 은공을 갚는다. 그러나 장양왕 역시 3년만에 병사하여 B.C 246년 13세의 정이 왕위에 오르게 된다.

진왕 정은 왕이 되었으나 나이가 어려 실제로는 재상 여불위와, 과거 여불위의 애인이었던 정의 모태후의 섭정이나 마찬가지였다. 진왕 정이 즉위한 당시의 중국은 진(秦), 초(楚), 연(燕), 제(齊), 한(韓), 위(魏), 조(趙) 등 7대국(전국 칠웅)으로 분할되어 치열한 투쟁을 전개하던 시기였다.

B.C 235년, 이제는 성인이 된 진왕 정은 실권을 쥐고 있던 여불위와 모태후를 숙청하고 본격적인 정복사업에 들어간다. 한나라를 시작으로(B.C 230년 멸망) 조(B.C 228), 위(B.C 225), 초(B.C 223), 연(B.C 222)을 차례로 무너뜨리고, 마침내 B.C 221년 제를 정복하여 중국을 하나로 통일하여, 550년간에 걸친 춘추전국시대(春秋戰國時代 : B.C 770 ~ B.C 221)의 막을 내리게 한다.

천하를 통일한 진왕 정은 종래의 제후(諸侯)들이 멋대로 붙여 쓰던 '왕'의 호칭을 벗어나, 중국의 전설상의 '삼황오제'에서 황제(皇帝)라는 호칭을 만들어내었다. 또한 자신이 최초의 황제이므로 시황제(始皇帝)가 되고, 그 자손이 대대로 2세 황제, 3세 황제로 만세까지 이어나갈 것이라고 장담했다. 이처럼 진시황은 천자의 절대화를 도모하여, 그때까지 일반적으로 사용되던 1인칭 대명사 짐(朕)을 황제만 쓸 수 있게 정하였다.

흔히 진시황 하면 분서갱유(焚書坑儒), 아방궁(阿房宮), 만리장성 및 자신의 호화로운 무덤인 여산릉(驪山陵) 등 부정적인 이미지의 폭군이라는 인식을 갖고 있다. 그러나 이는 사마천이 『사기』를 쓸 때, 진을 무너뜨린 한(漢) 왕조를 정당화하려는 목적 때문에 지나치게 부정적인 면이 강조된 점이 없지 않다.

알고 보면 진시황의 업적은 대단한 것이었다. 진시황의 중국통일은 이후 2천여 년간 전제정치체제의 틀을 이루어 '하나의 중국'이라는 인식을 중국인들에게 심어주었다. 오늘날 중국의 영문 표기인 차이나(China)의 어원도 진(秦)에서 유래한 것이다.

또한 진시황은 군현제(郡縣制)를 실시하여 중앙집권체제를 강화하였고, 간편한 전서체(篆書體)로 문자를 통일하였다. 또 그 동안 지방마다 제각각이던 도량형(度量衡)을 통일하고, 화폐도 반량전(半兩錢: 가운데에 네모난 구멍이 뚫린 원형 동전)으로 통일하여 이후 동아시아 화폐의 표준형태를 마련하였다.

진시황과 서복의 만남

B.C 219년 천하통일의 대업을 완수한 진시황은 전국 순행 길에 오른다. 진의 도성인 함양(咸陽)으로부터 과거 제(齊)나라 땅인 산동반도를 향해 간다. 이번 순행에서는 제의 8대 영지(靈地) 순례도 중요한 목적의 하나였다. 원래 8대 영지 순례는 고대 중국에서 천자에 의해 가끔 행해졌는데, 진시황이 그것을 본뜬 것이다. 이는 고대로부터 계속되어온 전통으로 신선의 인증을 얻기 위한 것이었다.

사마천의 『사기』 「진시황본기(秦始皇本紀)」 28년조(B.C 219)에는 다음과 같이 기록되어 있다.

　제(齊)나라 사람 서불이 말하기를 "동해상에 봉래(蓬萊), 방장(方丈), 영주 (瀛州)의 삼신산(三神山)이 있고, 선인(仙人)이 살고 있어 동남동녀와 함께 불로불사의 영약(靈藥)을 찾으러 가고 싶다"고 상서하였다. 천하통일을 이룬 진시황의 마지막 소망은 불로불사의 몸이 되는 것뿐이었으므로 서불(서복) 을 동남동녀 수천 명과 거액의 비용을 들여 파견하였다. 그러나 서복은 9년 후 불로불사약을 구하지 못하고 돌아왔다. 그리고 "불로불사약은 발견했으 나 커다란 상어가 방해하여 접근할 수 없었다"고 거짓보고를 했다.

　그러나 『사기』 「회남・형산열전」에 의하면 거짓보고 내용이 다르 게 되어 있다. 서복은 해신(海神)으로부터 불로불사약을 구경하기는 했으나 진시황의 예(禮)가 부족하여 얻을 수 없었다고 한다. 그리하 여 어떻게든 불로불사약을 얻으려는 진시황은 양갓집 남녀 3천명, 오곡의 종자 및 백공(百工: 각종 기술자)을 서복에게 내려 준다. 그러 나 다시 동해로 나간 서복은 평원광택(平原廣澤)을 얻어 왕이 되어 두 번 다시 중국에 돌아오지 않았다고 한다.

　이리하여 서복의 전설이 시작되었다. 중국에서 가장 오래된 역사 서의 하나이며 문학적 가치가 높은 『사기』의 '기사' 하나 때문에 말이다.

서복의 일본 도래

이처럼 진시황의 명을 받아 동해의 삼신산으로 불로불사의 영약을 구하기 위하여 대선단을 이끌고 중국의 산동반도를 출발한 서복 일행이 일본에 왔다는 것이다.

서복 일행이 일본에 상륙했다는 이야기는 오래 전부터 있었다. 그러나 서복 일행의 상륙지점은, 북으로는 아오모리현의 도사미나토(十三湊)를 비롯해 와카야마현의 싱구(新宮), 가고시마현(鹿兒島縣)의 보노츠(坊津), 쿠시키노(串木野), 미야사키현(宮崎縣)의 노베오카(延岡), 시즈오카현(靜岡縣)의 우키시마바라(浮島原), 사가현의 테라이즈(寺井津), 야메(八女), 교토부(京都府)의 니이자키(新井崎), 아키다현(秋田縣)의 오가(男鹿) 및 후지산 등 일본 전국에 20여 개가 넘는다. 이제부터 가장 알려진 곳을 중심으로 살펴보자.

사가현에 상륙한 서복

큐슈의 사가시(佐賀市) 북쪽에 긴류산(金立山)이라는 그다지 높지 않은 산이 있다. 이 긴류산에 '후로후시(不老不死)'라는 약초가 있었는데 진시황이 그 사실을 알게 되었다고 한다. 이곳의 전설에서는 서복이 진시황의 제 3황자(皇子)로 배역을 맡아 열연하고 있다.

어쨌든 아버지 진시황은 선약에 관해 지식이 풍부한 서복에게 불로불사약을 구해 오도록 명령을 내렸다. 서복이 생각하기를, 술과 여자에 빠지고 그 위에 불로불사의 선약을 찾아 끊임없는 욕망을 추구하는 한심한 아버지 진시황의 곁을 떠나 바다 저 건너 벚꽃이 만발하는 이상과 동경의 섬 봉래국(蓬萊國 : 일본)으로 가서 두 번 다시 돌아오지 않기로 했다는 것이다.

그러나 서복 황자는 그러한 굳은 결심은 전혀 내색도 하지 않고, 진시황에게 "준비만 해주시면 이 세상 어디든지 가서 불로초를 구해 오겠습니다"고 말한다. 진시황은 매우 기뻐하며 새로 만든 배 20척에 금은보화와 식량, 의약품, 일용품 및 물을 충분히 싣고 화려한 옷을 입은 젊은 남녀 500명을 태우고 동쪽을 향해 출범시켰다.

수일간의 항해 끝에 서복 일행이 도착한 곳이 큐슈의 사가현 테라이즈이다. 서복은 매일 긴류산을 헤매며 불로초를 찾아 다녔다. 그러던 어느 날 서복은 산중에서 백발동안(白髮童顔)의 신선이 가마솥에 무언가를 삶고 있는 것을 보았다. 그것이 바로 불로초였던 것이다. 신선이 말하기를, 자기는 천 년도 전부터 이곳에 와서 이렇게 약을 다려 먹으므로 허리 하나 아프지 않다고 하는 것이었다.

또한 신선은 서복에게 그 약초(불로초)가 나는 곳을 가르쳐 주고 바로 채취한 약초를 주더니 연기와 함께 사라져버렸다고 한다. 이렇게 불로초를 구한 서복이 귀국하지 않고 그곳에 머물러 '긴류의 신'으로 받들어 모셔지게 되었다고 한다.

그렇다면 긴류산에서 서복이 발견한 불로초란 무엇일까? 그것은 다름아닌 검은 머위, 일본말로 구로후키(黑蕗)라고 한다. 불로불사(不老不死)를 일본말로 '후로후시'라고 발음하는데 '구로후키'란 '후로후시'가 '후로후키'로, 다시 '후로후키'가 '구로후키'로 변화

◀ 긴류신사(金立神社)

◀ 긴류신사
　(金立神社)배전

◀ 긴류공원에서
　바라본 긴류산 전경

했기 때문이라고 한다.

그밖에도 서복을 사모했으나 사랑을 이루지 못하고 병으로 죽은 찻집 아가씨 오다츠(御辰)라는 처녀와의 비련(悲戀) 이야기도 남아 있다. 니시치후(西千布)라는 곳에 오다츠를 모신 관음보살이 있으며, 특히 결혼이나 출산에 영험이 있다고 한다. 서복과의 사랑을 이루지 못한 오다츠가 자기와 마찬가지로 사랑에 고통을 받는 사람들에게 힘이 되어 준다는 것이다.

보통 사랑을 이루지 못하거나 해서 한을 품고 죽은 처녀귀신이라면 원귀(寃鬼)가 되어 잘나가는 남들을 못살게 굴 법한데, 오히려 도와준다고 하니 참으로 기특한 처녀귀신이다.

구마노와 싱구에 상륙한 서복

수많은 서복의 상륙지 중에서도 가장 유명한 곳이 미에현(三重縣) 구마노(熊野)와 와카야마현 싱구(新宮)의 '서복 도래 전설'이다. 와카야마현 관광연맹에서 발행한 「기주로(紀州路)」라고 하는 소책자에 의하면, 서복 일행은 미에현 구마노에 상륙하여 불로초를 찾아 헤매었으나 찾을 수가 없었다. 불로초를 찾지 못한 채 돌아가면 진시황으로부터 어떤 벌을 받을지 뻔한 일이므로 서복은 할 수 없이 구마노에 정착해서 살며, 사람들에게 오곡의 경작방법, 종이 만드는 법과 고래잡이 기술을 가르쳤다고 한다.

와카야마현의 타이지(太地)는 일본 제일의 고래잡이 어항이다. 이곳에는 하타(秦)라는 성씨의 사람이 많은데, 모두 서복의 후손이라

◀ 서복공원 내 서복상

◀ 서복 상륙 해설비

◀ 서복공원내 서복의 묘

고 한다. 그런데 이곳 전설에서의 서복은 출신 성분이나 경력이 다른 지방의 서복보다 더 화려하다.

전승에 의하면, 서복은 고대 중국 삼황오제의 하나인 황제(黃帝)의 후손으로 일찍이 유학을 공부한 후 천축(天竺: 오늘날의 인도)으로 가서 7년간 불교를 공부하고 돌아와 방사(方士: 신선의 술법을 닦는 사람)로서 진시황 밑에서 일한 것으로 되어 있다.

와카야마현 싱구시에는 서복의 묘도 있다. 싱구역에서 도보로 2, 3분 거리에 서복공원이 있다. 그곳에 '진서복지묘(秦徐福之墓)'라고 새겨진 2미터 높이의 자연석 묘비와 서복을 따라왔다는 7인의 종자

◀아스카 신사

◀아스카 신사(뒤에 보이는 산이 봉래산)

◀서복 상륙시비

▲ 칠총지비

(從者)를 위한 '칠총지비(七塚之碑)'가 서 있다. 공원의 입구도 중국풍으로 그럴듯하게 만들어 놓아 기이한 느낌을 준다.

서복의 묘비는 에도시대 초기에 도쿠가와 이에야스의 열번째 아들인 도쿠가와 요리노부(德川賴宣: 1602 ~ 71, 기이[紀伊] 도쿠가와가의 시조)가 세웠고, '칠총지비'는 1736년 싱구 번주(藩主) 미즈노 다다아키(水野忠昭)가 만들었으므로 적어도 도쿠가와 막부 초기 이전에 서복이 일본에 도래했다는 전설이 확립되었다고 볼 수 있다.

다만 서복이 상륙했다는 곳에 세워 놓은 '서복상륙지비' 근처에 있는 아스카 신사(阿須賀神社)의 「서복도래기」에는 제7대 효령천황(孝靈天皇) 3년(B.C 288)에 서복 일행이 싱구에 도착한 것으로 되어 있어 『사기』의 기록과는 70년 가까이 차이가 난다는 점이 문제다.

미야시타 문서에서의 서복

『미야시타 문서(宮下文書)』란 중국의 진에서 도래한 서복이 저술했다고 하는 고사고전(古史古傳)의 하나이다. 이 책에 의하면 서복은 헌원(軒轅), 즉 중국의 전설적 제왕으로 삼황오제의 하나인 황제의 후손으로 되어 있어 싱구의 전승과 일치한다.

헌원의 넷째 아들 충현(忠顯)의 6대손이 만정(萬正)이라 하는데, 그는 하(夏: B.C 21 ~ 16세기 경의 중국 최고 왕조)의 우왕(禹王) 밑에서 농경을 담당하고 있었다고 한다. 이후 자손 대대로 하왕조에 충성을 다했으나 하왕조 멸망 후에는 출사하지 않았다고 한다. 이 만정의 48대손이 정승(正勝)으로, 그는 학문과 지리에 탁월해 주무왕(周武王)을 섬기며 공을 세워, 서(徐)씨 성을 하사받고 초국(楚國)의 수장(首長)에 임명되었다고 한다.

정승의 17대손이 살해되자, 그 아들이 모친과 함께 심산유곡으로 숨어들어가 농부가 되었다. 이 농부의 9대손이 공자의 문인이며 십철(十哲)의 한 사람인 자로(子路)라고 한다. 그리고 자로의 8대손이 바로 서복이라는 것이다.

서복은 유학을 열심히 공부한 후 다시 인도에서 7년간 공부하여 대장경의 오의(奧義)를 깨닫고 귀국했다. 서복은 귀국 후 진시황 밑에서 일하게 되었다. 그리고 『사기』의 기술처럼 진시황의 산동성 낭야산(琅耶山) 등정시 삼신산의 불로불사약을 구해오겠다는 건의를 하고, 마침내 B.C 219년 6월 20일 동남동녀 500명 및 식량을 큰 배 85척에 싣고 동해의 봉래산을 목표로 출범했다고 한다.

서복 일행은 효령천황 72년(B.C 219) 10월 25일 해상에서 봉래산 비슷한 산이 보이는 기슈(紀州: 지금의 와카야마현과 미에현의 일부)의 기다치노(木立野)에 상륙했다. 그러나 조사를 해보니 봉래산이 아님을 알고 2년 후 9월 13일 기다치노를 출항, 동쪽으로 10여 일 항해하여 스루가(駿河: 오늘날의 시즈오카현)의 우키시마바라(浮島原)에 상륙했다. 그리고 후지 봉래산의 중심 아소다니고무로(阿祖谷小室)에 도착한 것이 10월 5일이라고 한다.

서복 일행 중에는 농업, 목공, 석공, 방직, 봉제, 제지, 제유, 양조, 제염, 의약 등 기능보유자가 많았고, 그밖에도 식물의 종자 및 농기구, 토목기구, 일반공구 등도 대량으로 지참하고 있었다.

서복은 여자들에게는 양잠과 베짜기를 하게 하고, 기능자들은 전문적인 기술을 그 지방 사람들에게 가르쳤다. 이래서 후지산 일대에서는 때아닌 '산업혁명(기술혁신)'이 일어나 야마토 조정에서도 다케우치노 스쿠네를 비롯한 많은 사람들을 보내 서복학(徐福學)을 배우게 했다고 한다.

한편 서복은 아소태신궁(阿祖太神宮)을 비롯한 상고대의 신황(神皇)의 영을 모시는 일곱 묘(廟)를 참배하고, 신관으로부터 신대문자로 기록된 신대사를 배웠다. 그는 이 귀중한 신대의 역사를 후세에 전하기 위하여 신관이 구술하는 역사를 한자로 기록했으며, 이것이 바로 『미야시타 문서』, 일명 『서복 문헌』이라고도 불리는 것이라고 한다.

서복은 제8대 효원(孝元)천황 7년(B.C 208) 2월 8일 그곳에서 죽었

▲ 복원사(福願寺)

▲ 복원사(福願寺) 츠루즈카

고, 그의 묘는 현재의 후지요시다시(富士吉田市)의 복원사(福源寺)에 있다. 복원사 경내에는 츠루즈카(鶴塚)라는 무덤이 있다. 서복이 죽어서 세 마리의 학이 되어 날아올랐으나, 그 중 한 마리가 죽어서 복원사 경내로 떨어졌다고 한다.

그 학을 묻은 곳을 '츠루즈카(鶴塚)' 즉 학무덤이라고 한다. 나머지 두 마리의 학으로 변신한 서복이 후지산 기슭의 마을 사람을 잘 지켜주어, 그 지명이 츠루고오리(鶴郡: 학고을이라는 의미), 오늘날의 츠루시(都留市)가 되었다고 한다.

오늘날에는 후지산의 '후지'를 한자로 '富士'로 쓰지만, 원래 서복이 처음 후지산을 보고 '세상에 둘도 없는 산'이라는 뜻의 '不二(일본어 발음은 '후지')'라고 했었다고 전하기도 한다.

서복 = 신무천황설

신무천황(神武天皇)은 현재 일본의 125대 천황중 B.C 660년에 즉위했다고 하는 최초의 천황을 말한다. 물론 현재 일본의 역사학계에서는 다수의 학자들이 1대부터 9대까지는 실재하지 않은 가상의 천황으로 보고, 제10대 숭신천황(崇神天皇)부터 실존인물로 보고 있다.

일본이 초대 신무천황의 즉위년도를 B.C 660년 신유년(辛酉年) 정월 1일로 한 것은 일본의 역사서인 『일본서기』(720)의 편찬자들이 역위사상(易緯思想)을 근거로 결정했기 때문이다. 즉 주역(周易)에서 볼 때 신유년에는 혁명이나 변혁이 흔히 일어난다고 보았기 때문이다.

그러므로 간지(干支) 일운(一運) 60년을 일원(一元)이라 하고, 칠원(七元) 420년간에 세 번의 대변혁이 일어나며, 칠원을 세 번 반복한 21원(元)을 일부(一部: 1260년)라 하며, 일부 신유년에는 최대의 변혁이 일어난다고 하는 참위역운설(讖緯曆運說)에 따라 제33대 스이코천황(推古天皇) 9년(601)을 기준으로 1260년을 역산하여 B.C 660년의 신유년을 신무천황의 즉위년도로 결정한 것이다.

또한 초대 천황인 신무와 제10대 천황 숭신을 모두 '하츠구니 시라스 스메라미고토' 즉 '처음으로 나라를 다스린 천황'이라고 부른다. 결국 신무와 숭신은 동일인 내지는 1인2역인 셈이다.

곧 신무가 큐슈의 휴가(日向: 오늘날의 미야사키현)를 출발하여 동쪽으로 세토나이카이(瀬戸内海)를 지나며 차례로 정복하고, 마침내 야마토(大和: 오늘날의 나라현) 정권을 무너뜨리고 B.C 660년 초대 천황으로 즉위했다는 것이다. 이것이 일본 역사상 유명한 '신무 동정(神武東征)'인 것이다.

이 '신무동정'의 모델이 바로 서복이라는 것이 서복=신무천황설 의 주장이다. '신무동정'의 코스를 보면, 오늘날의 오사카 지방에서 원주민의 완강한 저항으로 상륙을 단념한 신무의 군대는 동남쪽으 로 우회, 구마노에 상륙하여 육로로 험준한 산악지대를 돌파하고 야 마토의 배후를 급습한다. 이러한 '신무동정' 코스와 서복의 도래지 가 중복되는 곳이 많은 점도 그 때문이라는 것이다.

우리나라에서의 서복

이제 서복이 단순히 신화나 전설 속의 인물이 아닌, 실존했을 가 능성이 많은 인물이라는 사실이 어느 정도 확실해졌다. 그러나 그렇 다고 해도 서복이 반드시 일본으로 건너가 이곳저곳에 흔적과 그 후 손까지 남겼다는 것이 완전히 입증된 것은 아니다.

서복이 동남동녀 삼천명과 수많은 기술자들을 거느리고 85척의 배로 동쪽을 향해 떠났다는 것이 사실이라면, 지리적인 면에서나 당 시의 항해술 수준을 고려할 때 한반도를 거치지 않고 직접 일본으로 갔다고 보기는 어렵다.

물론 우리나라의 제주도와 남해안에도 서복이 지나갔다는 흔적 이 있으나, 일본에 비하면 내용면이나 수량면에서 비교가 되지 않 는다.

제주도 서귀포의 정방폭포 부근 바위에 '서불과지(西市過之[일설
에는 西市過此]: 즉 서쪽의 불[市]을 가진 자가 이곳을 지난다는 의
미)'라는 글자가 새겨져 있다고 한다. 불(市)이란 최고권력을 상징하
는 동물령(動物靈)막이 주포(呪布)를 말한다. 제주도에서 볼 때 서쪽
이면 중국의 제(齊)나라, 더구나 신선의 불(市)을 가진 인물이라면
서복밖에 없다. 또한 '西市'은 중국어로 '시이후'로 발음하며 '徐
市'과 발음이 같다.

그리고 제주도(濟州島)의 '濟'는 삼수변(氵)에 '齊'라고 써, 제(齊)
나라와의 관련성도 유추할 수 있다. 서복 일행이 제주도에 왔을 때
고(高), 양(梁), 부(夫) 세 사람이 섬에 남아 일본으로부터 신부를 맞
아 섬을 개척했다는 이야기도 전한다.

서복의 항해의 최종목적지인 동해의 삼신산인 봉래산, 방장산(方
丈山), 영주산(瀛州山)은 각각 우리나라의 금강산, 지리산, 한라산을
가리킨다. 한라산을 영주산(瀛州山)이라 한 것도 어쩌면 앞에서 언
급한대로 서복의 선조가 순(舜)임금으로부터 하사받은 성이 영(嬴)
이었던 것과 관련해 서복이 붙인 이름인지도 모르겠다. 또 서귀포
(西歸浦)라는 지명도 서복이 제주도를 떠나면서 서쪽으로 돌아간다
는 말을 남겨 붙여진 지명이라고 한다.

경상남도 남해도의 상주 해수욕장이 내려다보이는 금산(錦山) 기
슭의 바위에 옛날 글자같기도 하고 그림같기도 한 암각(岩刻)이 있
다. 진시황이 보낸 방사 서복(서불)이 불로초를 찾으면서 새겨놓은
글자라 하는데, '서불제명각자(徐市題名刻字)' 또는 '서불이 이곳을

지나가다' 라는 뜻의 '서불과차문(徐市過此文)' 이라고 부른다.

19세기 말 금석문(金石文) 학자 오경석이 중국의 상형문(象形文) 학자인 하추도(何秋濤)로부터 '서불기예일출(徐市起禮日出)' 즉 '서불(서복)이 일어나 떠오르는 해를 향해 예를 드렸다' 는 의미라는 해석을 받아왔으나, 지금도 각문설(刻文說)과 각화설(刻畫說)이 대립하고 있는 실정이다.

서복 도래 전설의 탄생 배경

서복에 대해 최초로 언급한 사서는 사마천의 『사기』 「진시황본기」 「봉선전(封禪傳)」 「회남・형산열전」 등이다. 『사기』는 예로부터 우리나라나 일본에서 한학을 하는 사람이라면 누구나 읽지 않을 수 없는 '선비들의 필독서' 이다. 그러므로 서복에 대해서는 『사기』를 통해 모두 알고 있었을 터이므로 '서복 도래전설' 이 태어나는데 큰 문제는 없었을 것이다.

당나라 시대의 유명한 시인 이태백은 「고풍(古風)」이라는 시에서 진시황의 불로불사약을 구하려는 모습을 비판하였다. 백낙천 역시 「해만만(海漫漫)」이라는 풍유시에서 불로초를 구하려는 진시황의 어리석음을 노래하고, 서복 일행의 결말도 배 안에서 동남동녀 모두 늙어버린 것으로 묘사했다. 이때까지만 해도 서복의 일본 도래에 관한 이야기는 어느 사서에도 없었다.

서복이 동쪽으로 떠난지 1200년이 지난 10세기 경, 중국 오대(五

代) 후주(後周)시대 석의초(釋義楚)의 『의초육첩(義楚六帖)』에서 서복의 일본 도래를 최초로 언급했다. 석의초는 일본에서 온 승려 홍순대사(弘順大師)로부터 서복이 일본에 와 후지산을 봉래산으로 여기고 영주하여, 자손들이 하타(秦) 성씨를 쓰고 있다고 하는 말을 듣고 기록한 것이다.

견수사(遣隋使), 견당사, 유학승 등의 왕래 및 중국으로부터의 방문자 등을 통해 일본 문학 속에서도 10세기 후반 헤이안시대 『우츠보이야기(宇津保物語)』에 처음으로 서복이 등장한다. 그러므로 적어도 10세기 경까지는 서복의 일본 도래 전설이 확립되었다고 볼 수 있다.

이후 가마쿠라 시대의 『헤이케 이야기(平家物語)』나 남북조시대의 『신황정통기(神皇正統記)』 『태평기(太平記)』 등에도 서복이 등장한다. 일본의 남북조 시대인 홍무(洪武) 9년(1376) 승려 젯카이 츄신(絶海中津: 1336~1405)이 명태조를 알현하는 자리에서 미에현 구마노에 도래한 서복에 관한 이야기를 나누었다는 기록도 있다.

이후로는 서복의 도래문제뿐 아니라 그 도착지가 싱구, 사가, 후지산, 아츠다 등 가히 전국적으로 나타나게 되고, 심지어는 한 곳이 아닌 각지를 돌아다녔다는 주장까지 다양하게 만들어 졌다.

중국에서도 1982년 강소성 감유현에서 서복촌이 발견되고, 이어 1987년에 서복가의 족보가 발굴됨으로써 서복의 실재 여부는 상당히 신빙성이 있게 되었다. 그리하여 서복촌에는 1988년에 서복의 사당이 건립되었고, 그 입구에는 서복의 동상도 만들어 놓았다. 1990년에는 '서복 축제'도 열렸다고 한다.

이제 바야흐로 서복은 '전설의 고향'에서 '인물 다큐멘터리'로 프로그램 개편을 하게 된 것이다.

서복 일본 도래설의 문제점

지금까지 살펴본 바와 같이 서복이 역사상 실존인물이냐 아니냐 하는 문제는 실존 인물이었다는 의견이 설득력을 얻는 것 같다. 그러나 그렇다고 서복이 정말 일본에 도래했느냐 하는 주장이 입증되었다는 의미는 아니다. '서복 일본 도래설'이 허구일 가능성에 대해 살펴보자.

우선 당시의 항해술 문제이다. 고대의 한·중·일 항로는 초기에는 선박의 안전문제 때문에 연안항로 위주로 이루어지다가 항해술의 발달과 함께 황해를 직접 횡단하는 횡단항로가 이용되었음은 쉽게 생각할 수 있다.

중국에서 일본으로 가는 항로는 크게 네 가지로 나눌 수 있다.

■ 황해 북부 연안항로 : 산동반도 - 요동반도 - 압록강 하구 - 한반도 서해
  안 남행 - 남해안 - 대마도 - 이키(壹岐) - 큐슈

■ 황해 중부 연안 항로 : 산동반도 - 한반도 중부지방(남양만 등) - 한반도
  서해안 남행 - 남해안 - 대마도 - 이키 - 큐슈

■ 동지나해 남로(南路) : 양자강 하구 - 제주도 - 고토열도(五島列島) -

큐슈

■ 동지나해 남도로(南島路): 절강성(浙江省) - 오키나와(沖繩) - 아마미 제
도(奄美諸島) - 다네가시마(種子島) - 큐슈

물론 이밖에도 산동반도에서 황해를 비스듬히 횡단하여 제주도
를 경유, 큐슈로 상륙하는 항로도 있을 수 있겠으나, 당시로서는 상
당히 위험한 코스였으므로 실행 가능성은 적어 보인다.

일본은 630년부터 894년까지 260여 년간 15회의 견당사를 파견하
였다. 그중 1회부터 5회까지는 황해 북부 연안항로를 이용하였다. 그
러나 신라와의 관계가 악화됨에 따라 할 수없이 조난의 위험을 무릅
쓰고 6회 이후에는 동지나해 남도로나 동지나해 남로를 이용할 수밖
에 없었다.

서복의 시대보다 8, 9백년 이상 지난 시대인데도 이런 형편이었으
니, 서복 일행이 한반도를 거치지 않고 직접 일본을 향해 갔을 가능
성은 거의 없다고 보아도 무방하다.

또 하나는 중국에 남아있다는 서복의 후손 문제이다. 서복 일행에
는 서복의 처자를 비롯한 그 일족이 모두 포함되었을 것이다. 그러
므로 서복 일행이 중국을 떠나 일본을 비롯한 해외로 도피하였다면
중국 내에 그 후손이 그렇게 많이(56개소) 남아있을 리가 없다.

그러나 무엇보다도 결정적으로 '서복의 일본도래설'이 의심스러
운 것은 일본 최고의 역사서인 『고사기』(712) 나 『일본서기』(720)에
서복에 관한 기록이 없다는 점이다. 중국의 가장 중요한 역사서인

『사기』에도 등장하는 서복인만큼, 더구나 85척의 선단과 수천 명의 일행을 거느린 대형 망명집단인데도 언급조차 없다는 것이 과연 있을 수 있는 일일까?

결론적으로 말하면, 서복의 일본 도래는 아예 없었거나, 아니면 일시적으로 한반도나 제주도를 경유하여 일본의 서해안 섬 지방까지 왔다가 진시황이 죽은 후 다시 중국으로 돌아갔을 가능성이 크다. 또한 85척의 배가 모두 움직였다고 볼 수도 없을 것이다. 일부는 풍랑을 만나 난파하여 다시 중국으로 돌아가거나 조류에 밀려 더 먼 곳으로 떠내려 갔을 수도 있다.

추측컨대 서복은 처음부터 돌아올 생각은 꿈에도 없었을 것 같다. 서복은 진시황이 오래 살지 못할 것을 예견하고, 불로초를 핑계삼아 막대한 재물과 인력을 우려낸 후 진시황이 죽을 때까지 해외에서 편안하게 여생을 보내려는, 오늘날의 이민사기꾼과 비슷한 '지능범'이 아니었을까?

|참|고|문|헌|

● 사전류 _ 월간지 _ 잡지

週刊 朝日百科,「日本の歷史」, 1986. 6 ~ 1988. 11, 朝日新聞社

新村 出 編,『廣辭苑』第四版, 1991, 岩波書店

歷史讀本, 1987年 3月號, 1989年 8月號, 1989年 10月號, 1991年 9月號

　1992年 11月號, 新人物往來社

別冊 歷史讀本,「古事記」,「日本書紀」總覽, 平成 元年 6月, 新人物往來社

　――――,「日本史 珍說奇說百科」, 平成 7年 10月, 新日本往來社

歷史讀本 SPECIAL,「不思議な國ニッポン」, 平成 元年 8月, 新人物往來社

　――――,「禁斷の古代史書 古史古傳」, 平成 二年 五月, 新人物往來社

　――――,「不思議人物日本史 架空傳承事典」, 1991年 11月, 新日本往來社

別冊 歷史讀本 世界の謎シリーズ 3,「世界 謎の超文明」, 1992年 12月, 新人物往來社

　―――― 1,「世界 謎の超古代史」, 1992年 5月, 新人物往來社

臨時增刊 歷史讀本,「世界 謎のユダヤ」, 昭和62年 3月, 新人物往來社

　――――,「よみがえる神道の謎」, 1989年 9月, 新人物往來社

　――――,「ユダヤ＝フリーメーソン 謎の國際機關」, 1991年 9月, 新人物往來社

　――――,「忠臣藏のすべて」, 1992年 冬號, 新人物往來社

歷史讀本 特別增刊,「日本 神話. 傳說 總覽」, 平成 四年 十月, 新人物往來社
　(事典シリーズ)
　――――,「日本姓氏家系總覽」, 平成 三年 七月, 新人物往來社

別冊 歷史讀本 特別增刊,「古代日本人の大航海と謎の未解讀文字」, 平成 五年 四月,

　　　新人物往來社

歷史と旅, 「德川十五代の參謀と黑幕」, 昭和 64年 1月號, 秋田書店

───, 「神神の社と古代天皇の謎」, 昭和 64年 2月號, 秋田書店

───, 「まぼろしの超古代王朝」, 平成 四年 五月號, 秋田書店

───, 「苗字と名前の不思議」, 平成 四年 12月號, 秋田書店

───, 「超古代王朝興亡の秘史」, 平成 五年 1月號, 秋田書店

臨時增刊 歷史と旅, 「歷史の寶庫 神社寺院總覽」, 平成 元年 5月, 秋田書店

───, 「幕末維新人物總覽」, 昭和64年1月, 秋田書店

歷史Eye, 1991年 12月號, '92 新年號, 5月號, 9月號, 10月號, 11月號
　　　'93 1月號, 3月號, 4月號, 6月號, 日本文藝社

歷史街道, 1993年 2月號, 6月號, PHP研究所

The Bigman, 「義經追討.平泉炎上す」, 1993年 6月號, 世界文化社

● 단행본

崔利權(編譯), 『愛國衷情 安重根 義士』, 法經出版社, 1990

유원수(역주), 『몽골비사』, 혜안, 1994

Lynn Picknett, Clive Prince, *The Stargate Conspiracy*, Warner Books, 2000

尾藤正英, 門脇禎二(共著), 『チャ-ト式シリ-ズ 新日本史』, 數研出版, 1985

長谷川慶太郎, 『さよならアジア』, ネスコ, 1986

山根キク, 『キリストは日本で死んでいる』, たま出版, 1991

佐治芳彦, 『謎の竹內文書』, 德間書店, 1979

───, 『謎の宮下文書』, 德間書店, 1986

───, 『謎の九鬼文書』, 德間書店, 1984

———, 『謎の秀眞傳』, 德間書店, 1986

———, 『謎の上記』, 德間書店, 1987

———, 『謎の東日流外三郡誌』, 德間書店, 1991

———, 『超古代の謎をとく13の鍵』, 德間書店, 1986

———, 『古史古傳入門』, 德間書店, 1988

———, 『甦る古代王朝 古史古傳の秘密』, KKベストセラーズ, 1992

———, 『鬼と黄金傳説の謎』, KKベストセラーズ, 1992

加藤蕙, 『消された英雄傳承の謎』, KKベストセラーズ, 1992

齊藤榮, 『イエス.キリストの謎』, 德間書店, 1980

小谷部全一郎, 『日本人のルーツはユダヤ人だ』, たま出版, 1991

平川陽一, 『古代都市. 封印されたミステリー』, PHP研究所, 2003

荒川敏, 『隠された古代日本史』, 天山出版, 1989

志茂田景樹, 『超ニッポン古代文明の謎』, KKベストセラーズ, 1992

高橋良典, 『日本とユダヤ 謎の三千年史』, 自由國民社, 1987

———, 『謎の新撰姓氏録』, 德間書店, 1990

———, 『繩文宇宙文明の謎』, 日本文藝社, 1995

岩田明, 『十六菊花紋の謎』, 潮文社, 1990

赤間剛, 『日本=ユダヤ陰謀の構造』, 德間書店, 1986

水上凉, 『ユダヤ人と日本人の秘密』, 日本文藝社, 1992

宇野正美, 『古代ユダヤの刻印』, 日本文藝社, 1997

———, 『古代ユダヤは日本に封印された』, 日本文藝社, 1992

久保有政, 『日本の中のユダヤ文化』, 學習研究社, 2003

―――,『佛敎の中のユダヤ文化』, 學習硏究社, 2005

荒卷義雄,『空白のピラミッド』, 祥傳社, 1988

伊集院卿.大平光人(共著),『日本ピラミッド超文明』, 學習硏究社, 1986

鹿島,『義經=ジンギス汗 新證據』, 新國民社, 1987

―――,『日本ユダヤ王朝の謎』, 新國民社, 1983

佐佐木勝三, 大町北造, 横田正二(共著),『義經傳説の謎』, 勁文社, 1991

小林久三,『義經の首』, 光風社出版, 1993

咲村觀,『源賴朝』(上・下), 講談社, 1991

中津文彦,『九つの謎と死角』, KKベストセラ-ズ, 1993

高木彬光,『成吉思汗の秘密』, 角川書店, 1973

南條範夫,『日本史の謎と眞說』, 銀河出版, 1993

南條範夫,『才幹の人間學』, KKベストセラ-ズ, 1993

邦光史郎,『日本史夜話』, 廣濟堂出版, 1991

鈴木旭,『日本超古代文明の謎』, 日本文藝社, 1991

陳舜臣,『中國 五千年』(上), 講談社, 1989

―――,『小説十八史略』(一), 講談社, 1992

藤原 明,『日本の僞書』, 文藝春秋, 2004

楠木誠一郎,『日本史おもしろ推理』, 二見書房, 1992

百瀬明治,『暗殺の歴史』, 廣濟堂出版, 1989

豊田 穣,『初代總理 伊藤博文』, 講談社, 1992

杉森久英,『暗殺』, 光文社, 1989

早乙女貢,『幕末維新ものしり意外史』, 天山出版, 1989

杉田幸三, 『幕末ものしり讀本』, 廣濟堂出版, 1988

奈良本辰也, 『幕末維新の志士讀本』, 天山出版, 1989

――――, 『日本史もの知り事典』, 主婦と生活社, 1986

――――, 『幕末維新ものしり事典』, 主婦と生活社, 1990

――――, 『なるほど. ザ. 幕末維新史』, 大陸書房, 1992

――――, 『武藏と五輪書』, 光濟堂出版, 1987

高野 澄, 『賄賂の歴史』, 廣濟堂出版, 1989

佐佐克明, 『明治ににリーダーの戰略戰術』, 講談社, 1987

坂本藤良, 『坂本龍馬と海援隊』, 講談社, 1988

宮地佐一郎, 『龍馬百話』, 文藝春秋, 1991

童門冬二, 『坂本龍馬の人間學』, 講談社, 1986

童門冬二, 『奥州藤原四代』, 三笠書房, 1992

高橋克彦, 『東北歴史推理行』, 德間書店, 1993

――――, 『北方の樂園みちのくの王國』, KKベストセラーズ, 1992

高橋克彦 外, 『バラ色の古代日本海時代』, KKベストセラーズ, 1992

服部硏二, 『水底が語る日本史の謎』, 日本文藝社, 1991

三好徹, 『人物日本史. 明治 大正』(時代小説大全集 5), 新潮社, 1991

宇治谷孟, 『全現代語譯 日本書紀』(上), 講談社, 1988

武光誠, 『日本 超おもしろ古代史』, 日本文藝社, 1992

――――, 『なるほど意外. 日本史』, 日本文藝社, 1992

樋口淸之(監修), 『歴史を塗りかえた英傑100人百話』, KKベストセラーズ, 1992

――――, 『うめぼし博士の逆. 日本史』, 祥傳社, 1987

森村誠一,『忠臣藏』, 講談社, 1991

井上ひさし,『不忠臣藏』, 集英社, 1988

井澤元彦,『忠臣藏 元禄十五年の反逆』, 新潮社, 1992

文舘輝子,『吉良上野介の忠臣藏』, PHP研究所, 1988

德富蘇峰,『近世日本國民史 赤穂義士』, 講談社, 1981

村松駿吉,『話のタネ本 日本史』, 日本文藝社, 1992

稲垣史生,『仇討を考證する』, 旺文社. 1987

吉川英治,『宮本武藏』, 講談社, 1971

司馬遼太郎,『眞說宮本武藏』, 講談社, 1983

小島英熙,『宮本武藏の眞實』, 筑摩書房, 2002

岸祐二,『圖解雜學 宮本武藏』, ナツメ社, 2002

桑田忠親(監修),『異說 日本人物事典』, 三省堂, 1983

アポカリプス21研究會,『古事記の大預言』, 光濟堂, 1991

安東到,『もともと日本は國際國家であった』, 德間書店, 1988

河野亮&グル-プ,『異說なるほど日本史』, 天山出版, 1992

博學こだわり倶樂部(編),『文字の不思議』, 青春出版社, 1992

角川書店(編),『日本史探訪. 22』, 角川書店, 1985

NHK(編),『NHK歷史への招待 第5卷 無敵義經軍團』, 日本放送出版協會, 1990

歷史の謎を探る會(編),『つい喋りたくなる歷史の秘謎話』, 青春出版社, 1992

─── ,『面白すぎる謎解き日本史』, 青春出版社, 1991

─── ,『退屈しのぎの日本史 びっくり本』, 青春出版社, 1992

小林惠子 外,『聖德太子その眞實の正體 太子の顏』, KKベストセラ-ズ, 1993

日本博學倶樂部,『歷史の意外なウワサ話』, PHP研究所, 2002